Wissenschaftliche Beiträge aus dem Tectum Verlag

Reihe Philosophie

Wissenschaftliche Beiträge
aus dem Tectum Verlag

Reihe Philosophie
Band 44

Christian Tepe

Lebensschutz neu denken

Bioethik im Spannungsfeld von Menschenwürde und Selbstbestimmung

Tectum Verlag

Gefördert mit Studienqualitätsmitteln des Fachbereichs Biologie/Chemie der Universität Osnabrück

Christian Tepe
Lebensschutz neu denken
Bioethik im Spannungsfeld von Menschenwürde und Selbstbestimmung

Wissenschaftliche Beiträge aus dem Tectum Verlag
Reihe: Philosophie, Bd. 44

ISBN 978-3-8288-4997-6
ePDF 978-3-8288-5139-9
ISSN 1861-6844

Gesamtverantwortung für Druck und Herstellung
bei der Nomos Verlagsgesellschaft mbH & Co. KG

Printed in Germany

Besuchen Sie uns im Internet
www.tectum-verlag.de

Bibliografische Informationen der Deutschen Nationalbibliothek
Die Deutsche Nationalbibliothek verzeichnet diese Publikation in der Deutschen Nationalbibliografie; detaillierte bibliografische Angaben sind im Internet über http://dnb.d-nb.de abrufbar.

Inhaltsverzeichnis

Vorbemerkung: Zweifel eines Lebensschützers

Berlin, 22. September 2012. Der Bundesverband Lebensrecht ruft für diesen Tag wieder unter dem Motto „Ja zum Leben – für ein Europa ohne Abtreibung und Euthanasie" zum „Marsch für das Leben" auf. 3000 Demonstranten halten eine Kundgebung vor dem Bundeskanzleramt ab und ziehen in einem Schweigemarsch zum ökumenischen Gottesdienst in der St. Hedwigs-Kathedrale. Mit dabei ist auch der Autor dieses Buches. Vor dem Beginn des Marsches wird ihm und 1000 anderen Demonstranten jeweils ein weißes Holzkreuz angereicht. Damit soll der Leidtragenden von Abtreibung und Euthanasie gedacht werden. Allen Teilnehmern an der Demonstration wird nahegelegt, nur die vom Veranstalter Bundesverband Lebensrecht bereitgehaltenen Materialien und Plakate zu verwenden. Ist eine Differenzierung im Meinungsbild der Lebensschützer unerwünscht?

Während der Autor also sein weißes Kreuz vor sich herträgt, registriert er an einer Mietshausfassade oben am Fenster einen flüchtigen Schatten. War das nicht eine Frau? Seine Phantasie trägt ihn davon: Vielleicht hat sie in ihrem Leben auch einmal abgetrieben? Wie würde dann diese Kundgebung wohl auf sie wirken? Was würde sie angesichts der Kreuze empfinden? Zorn und Abscheu oder Schmerz und Scham? Oder ist die Schwangerschaftsunterbrechung für sie keineswegs mit negativen Gefühlen verbunden gewesen? Was wusste er denn schon über die Biographie dieser Frau und die konkreten Umstände ihrer Entscheidung? Und steht einem Mann, der nicht persönlich betroffen ist, überhaupt ein Urteil zu? Ist es richtig, eine derartig sensible Thematik im Format eines Straßenmarsches in alle Öffentlichkeit zu zerren?

Jäh wird die Aufmerksamkeit des Autors aus seiner Nachdenklichkeit herausgerissen. Gegendemonstranten, die unter dem Motto „What the fuck?“ angetreten sind, skandieren: „Hätt' Maria abgetrieben, wärt ihr uns erspart geblieben!“ Einige Lebensschützer lassen sich zu einem harsch deklamierten „Ave Maria“ als Antwortgesang hinreißen. Es schmerzt, wie damit das Gebet zu einem Instrument der Polemik herabgewürdigt wird.

Der „Marsch für das Leben“ in Berlin soll nach dem Willen des Veranstalters ein Schweigemarsch sein, wiewohl das lateinische Verb „marcare“ so viel wie „hämmernd schreiten“ (Eggebrecht 1967, 546) bedeutet. Kann dieser Marsch seinem Anliegen wirklich gerecht werden, ein *stilles, pietätvolles* Eingedenken für Menschen in Grenzsituationen des Lebens zu ermöglichen, für ungeborenes Leben, das nicht auf die Welt kommen konnte, für Eltern oder Sterbende, die unumkehrbare Entscheidungen über Leben und Tod verantworten müssen? Ist die Straße dafür der rechte Ort? Sind die verbalen Scharmützel schicklich für die Erörterung existentieller Fragen um Menschenwürde und Selbstbestimmung?

Man kann sich des Eindrucks nicht erwehren, dass die als Schweigemarsch apostrophierte Demonstration zu einer Performance der Selbstbestätigung entglitten ist. Hier wird ein rituelles Stelldichein von Pro Life und Pro Choice in Szene gesetzt, ein Spektakel von Provokationen und Gegenprovokationen ausgetragen. Als der Autor das weiße Kreuz wieder zurückgibt, weiß er, dass dies eine sakrilegische Kreuztracht gewesen ist. Denn das Kreuz ist für Christen das Zeichen der Erlösung, des Sieges über Tod, Gewalt und Sünde. Dieses Kreuz gehört nicht in die Hände von Anklägern und Agitatoren. Jesus kam nicht, um Moral zu predigen und Menschen einzuschüchtern.

So wurde aus diesem Demonstrationstag in Berlin die Keimzelle des Buches „Lebensschutz neu denken“. Es ist nicht das Buch eines Aussteigers, das mit entsprechendem Skandalisierungspotential aufwarten könnte. Aber es liegt ihm die Erfahrung zugrunde, dass der Lebensschutz durch seine radikale Engführung auf Pro Life in eine ethische Sackgasse geraten ist. Kann man andere Menschen darin bestärken, Empathie für das ungeborene Leben zu entwickeln, indem man einen Mangel an Empathie für Frauen bekundet? Sollte das Engagement für den Lebensschutz nicht auch dem Recht der Frauen auf Selbstbestimmung gelten? Dieser Aspekt betrifft doch ebenfalls unmittelbar die Schutzwürdigkeit menschlichen Lebens.

Zudem drohen Demonstrationen der Pro-Life-Bewegung inzwischen regelmäßig durch rechtspopulistische Gruppierungen gekapert und dadurch ethisch vollends diskreditiert zu werden. Diese Entwicklungen lassen sich nicht nur in Berlin, sondern genauso in Washington oder Warschau beobachten, wo unlängst 50.000 Teilnehmer für einen Marsch unter dem Motto „Es lebe Polen!“ mobilisiert werden konnten.

Das vorliegende Buch wagt nun einen Rettungsversuch: Sein Ziel ist es, den Lebensschutz sowohl der einseitigen Vereinnahmung durch Pro Life als auch seiner politischen Instrumentalisierung für Weltanschauungskämpfe und informelle Kampagnen rechtsradikaler Parteien zu entreißen. Das ist nur möglich, indem die komplexe Materie der Ethik am Lebensanfang und am Lebensende wieder auf der Ebene betrachtet wird, die ihr allein angemessen ist: Zur Diskussion gestellt wird eine *philosophische* Abhandlung über die Ethik des Lebensschutzes.

Für die nüchterne Besinnung auf die Analyse der Argumente von Pro Life und Pro Choice sind die von Kant vorgestellten „Maximen des gemeinen Menschenverstandes“ leitend. Dabei ist es Kant notabene um den „gemeinen“, mithin allgemeinen Menschenverstand zu tun, der scharf von dem zu unterscheiden ist, worauf die Redewendung vom „gesunden Menschenverstand“ hinsteuert. Kant führt folgende Maximen an: „1. Selbstdenken; 2. An der Stelle jedes anderen denken; 3. Jederzeit mit sich selbst einstimmig denken. Die erste ist die Maxime der *vorurteilsfreien*, die zweite der *erweiterten*, die dritte der *konsequenten* Denkungsart.“ (Kant 1990, 145) Selbstdenken heißt, keine vorformulierten Plakate hochzuhalten - weder im wörtlichen noch im übertragenen Sinne. Selbstdenken bricht die Macht der Vorurteile. Kant hebt unmissverständlich „das bloß Negative“ hervor, „welches die eigentliche Aufklärung ausmacht.“ (Kant, 1990, 146) Selbstdenken bedeutet also „Nein“ sagen zu können und ideologische Denkvorgaben zu dekuvrieren.

An der Stelle jedes anderen zu denken, hat zur Voraussetzung, von jeglicher Diffamierung und Diskreditierung des Diskurspartners Abstand zu nehmen. Stattdessen kommt es auf ein genaues Hinhören an, um dem Wahrheitsmoment im Denken des Mitdiskutanten nachzuspüren. Dafür ist ein unvoreingenommenes Sichhineinversetzenkönnen in den Standpunkt anderer unentbehrlich. Jederzeit mit sich selbst einstimmig zu denken, beschreibt die Aufgabe, jene Einsichten, die aus der Auseinandersetzung mit Kritik und Opposition gewonnen werden konnten, mit dem eigenen Denken rückzukoppeln. Eine solche Kohärenz im Denken wäre von Pro Life nicht weniger als von Pro Choice einzufordern.

Diesem methodischen Ansatz entspricht der inhaltliche Aufbau des Buches. In zwei kontrastreichen Plädoyers werden die philosophischen Argumentationslinien hinter Pro Life und Pro Choice zunächst ihrem spezifischen Anspruch gemäß stark gemacht und sodann kritisch miteinander konfrontiert. Das wird den Lesern gerade in Hinblick auf die von ihnen jeweils nicht oder weniger geteilte Position ein gebührendes Maß an Duldsamkeit abverlangen. Neben den Schwerpunktkapiteln zur Schutzwürdigkeit des ungeborenen Lebens und zur Schutzwürdigkeit der Frauen ist ein weiteres Hauptkapitel der eigenen singulären Würde des ethischen Urteils gewidmet: Denn Achtung und Respekt schulden wir im Lebensschutz nicht nur auf einer abstrakten Ebene bestimmten Personengruppen, sondern ganz konkret auch der ethischen Entscheidung, die ein betroffener Mensch in Grenzsituationen des Lebens fällt.

„Das Wahre ist das Ganze" (Hegel, 1987, 22) – dieser gerne zitierte Satz des Philosophen Hegel aus der Vorrede zu seinem Buch „Phänomenologie des Geistes" trifft auch für die Bioethik zu, wo sich gut begründete Entscheidungen nur aus dem reflexiven Wissen um die Gesamtheit der Verantwortungsdimensionen des Lebensschutzes gewinnen lassen. Unter „Bioethik" wird in diesem Buch weniger eine bestimmte Schule verstanden wie zum Beispiel der Ansatz des principlism nach Beauchamp und Childress, der sich an den medizinethischen Prinzipien der Wohltätigkeit, Schadensvermeidung, Gerechtigkeit und Selbstbestimmung orientiert. Zugrunde gelegt wird vielmehr ein eher weites Verständnis von Bioethik „als eine interdisziplinär angelegte Lebenswissenschaft, die zwischen den Geistes- und den Naturwissenschaften Brücken schlagen will, bei der aber vor allem die (philosophische) Ethik und die Urteilskraft eine große Rolle spielen." (Höffe 2023, 34)

„Das Ganze ist das Unwahre" (Adorno 1994, 57) – so lautet die Erwiderung des Philosophen Theodor W. Adorno auf Hegels Diktum vom Wahren, welches das Ganze sei. Lebensschutz neu zu denken, bedeutet deshalb nicht, den Widerspruch zwischen Pro Life und Pro Choice integrativ einebnen und harmonisieren zu wollen. Das würde die disparaten Anschauungen zum Lebensschutz gerade ihres jeweils genuin kritischen Potentials berauben. Wer sich von dem Buch ein Tribunal über Pro Life oder Pro Choice verspricht, der wird allerdings enttäuscht sein. Es wird nicht die alleinige Richtigkeit einer der beiden konträren Orientierungen bewiesen. Nur durch das „Offenhalten von Fragen“ (Regenbogen/Remme 2024, 111), wie es für das philosophische Nachdenken charakteristisch ist, kann es gelingen, den überfälligen ethischen Diskurs zwischen Pro Life und Pro Choice zu inspirieren.

Erstes Kapitel: Ethische Grundlagen des Lebensschutzes

Darf man noch einfach naiv und gleichsam voraussetzungslos über Ethik schreiben? Besteht nicht seit langem ein zumindest informeller Konsens, dass auf diesem weiten Feld alles relativ sei, die Behauptung eines absoluten Geltungsanspruchs immer schon mit der Diskreditierung aller anderen Einstellungen einhergehe? Bekanntlich geht der Begriff „Ethik" auf das griechische Wort „ethos" zurück. Und tatsächlich zielt eine der Bedeutungsebenen dieses Wortes ursprünglich auf die Sitten und Gebräuche, die von einer Gruppe von Menschen an einem bestimmten Ort gemeinsamen Wohnens gepflegt werden. Ihr Herkommen aus einer solchen Gemeinschaft prägt die Gewohnheiten und Lebensweisen der Menschen. Das ist auch heute sehr aktuell, denn weiterhin macht es häufig einen gravierenden Unterschied aus, ob jemand zum Beispiel bei den katholischen Sorben in der Lausitz oder im Berliner Regenbogenkiez Schöneberg oder aber im gut situierten Hamburg-Blankenese aufgewachsen ist. Um wieviel mehr mag das erst im Weltmaßstab gelten – aller Globalisierung und ihren vermeintlichen Uniformierungstendenzen zum Trotz? Niemand entkommt dem Kreis, der ihn geboren hat. Selbst dann nicht, wenn er sich davon auf seinem Lebensweg ganz bewusst emanzipiert. Noch in der emphatisch gelebten Abkehr von den Traditionen der Heimat überdauert die Verbundenheit mit dem Ort des Heranwachsens und mit den dort in diesem Fall weniger internalisierten als erlittenen Lebensgewohnheiten. Fast sieht es so aus, als formten die unerbittlichen Prägekräfte des Milieus, der Sozialisation und der Herkunft einen totalen Determinismus des Menschen und damit auch seiner ethischen Überzeugungen.

Wenn aber das ethische Selbstverständnis jedes Menschen immer schon fast vollständig kontextabhängig und zeitgebunden ist, dann hätte das unvermeidlich Folgen für die normative philosophische Ethik und ihr methodisches Ideal eines begründeten Nachdenkens über die *verbindlichen* Maßstäbe guten Handelns – verbindlich zu allen Zeiten und allerorten. Diese Ethik fordert mit ihrem universellen Geltungsanspruch die Gegenrede des Relativismus heraus: „Gut und Böse als die in moralischen Urteilen verwendeten Grundprädikate seien schlechterdings relativ, so dass jeder Versuch, eine Ethik als Wissenschaft von der Moral zu begründen, mangels gültiger Letztprinzipien von vornherein zum Scheitern verurteilt ist." (Pieper 1991, 49) Alles, was dem Ethiker jetzt noch zu erforschen übrig bliebe, wäre im Sinne einer deskriptiven Ethik zu beschreiben, was ein Akteur tatsächlich tut, welche moralischen Glaubenssätze durch sein Handeln hindurch sichtbar werden und darzustellen, wie sich letztere wiederum zwingend aus der Herkunft der handelnden Person und dem Gang ihrer Sozialisation ergeben. Allenfalls könnte der Ethiker noch um Verständnis für die je verschiedene Positionierung unterschiedlicher Akteure werben, die wie ausnahmslos alle anderen auch der Relativität ihres jeweiligen ethischen Blickwinkels unterliegen. Das wäre nicht gerade wenig. Bei Licht betrachtet fehlt es ja in der moralischen Praxis nicht zuletzt des Lebensschutzes gerade an einer solchen um Differenzierung und gegenseitiges Verständnis bemühten Ethik.

Gänzlich suspendiert ist in diesem Szenario allerdings die Frage nach dem, was denn getan werden soll. Diese Frage überhaupt aufzuwerfen, macht nur Sinn, wenn die Freiheit der Menschen schon vorausgesetzt wird, die sich darin manifestiert, auch unabhängig von biographischen Dispositionen entscheiden und handeln zu können. Genau dafür hat der Relativismus mit seiner strengen Rückbindung allen ethischen Handelns an Ort und Zeit jeglichen Möglichkeitssinn verloren. Wer die Aufgabenfelder des Lebensschutzes an die philosophische Ethik heranträgt, tut dies jedoch in der Hoffnung, eine klare und deutliche Orientierung darüber zu erlangen, was wir jeweils tun sollen. Dies ist geradezu das Versprechen der normativen Ethik. Kann ein Recht auf Abtreibung zugleich mit einem Lebensrecht Ungeborener bestehen? Haben Ungeborene überhaupt ein Recht auf Leben? Ist es mit der Würde des Menschen vereinbar, die natürliche Neigung zur Selbsterhaltung zu überwinden und Hand an sich zu legen? Dürfen oder sollen sich Ärzte an der Tötung von Menschen beteiligen, die sterben wollen? Was bedeutet eigentlich die Rede von der Würde des Menschen im Sinne einer normativen Kategorie? In solchen Dingen kann es doch keine Beliebigkeit und keine subjektivistische Willkür geben. Hier möchte jeder gerne sehr genau wissen, was denn jetzt das Gute sei, das zu erstreben ist und was das Böse, das es zu vermeiden gilt. Hier sind Daseinsfragen berührt, die keine Unentschiedenheit und Zweideutigkeit zuzulassen scheinen, sondern die vielmehr auf Wahrheit zielen.

Aber der Begriff der Wahrheit hat beinahe gänzlich seine Unschuld eingebüßt. In unser kulturelles Gedächtnis hat sich tief eingebrannt, wie „Wahrheit“ in den totalitären Ideologien des 20. Jahrhunderts als Instrument zur Unterdrückung der Meinungsfreiheit bis hin zur physischen „Liquidierung“ (wie es im Jargon der Herrschenden hieß) von Regimegegnern missbraucht wurde. All diese Ideologien wähnten sich im Alleinbesitz einer letztgültigen Wahrheit. Das rechtfertigte es dann zum Beispiel im Namen einer Diktatur der Rasse nicht weniger als im Namen der Diktatur einer Klasse jeden Widerspruch gegen diesen absolute Wahrheitsanspruch zu eliminieren und alle zu exmittieren, die nicht zu dieser Wahrheit passen. So lässt das Wort „Wahrheit" einen historisch sensibilisierten Zeitgenossen innerlich zusammenzucken. Die durch die Erfahrungen mit dem Totalitarismus hervorgerufene Verunsicherung über den Wahrheitsbegriff ist schließlich aus der politischen Sphäre auch auf das Feld der Philosophie und der Ethik hinübergeweht. Aus guten Gründen ist man empfindlich dagegen geworden, sich noch durch irgendjemanden (welcher Provenienz auch immer) Denk- und Lebensvorschriften auferlegen oder auch nur vorschlagen zu lassen und zieht stattdessen häufig lieber einen vermeintlich aufgeklärten Relativismus vor. Selbst Papst Benedikt XVI., der immer wieder mit nachdrücklichen Warnungen vor einer neuen „Diktatur des Relativismus" hervorgetreten ist, konzediert: „Es ist offenkundig, dass der Begriff Wahrheit unter Verdacht geraten ist. Natürlich ist richtig, dass er viel missbraucht wurde. Im Namen der Wahrheit kam es zu Intoleranz und Grausamkeit. Insofern fürchtet man sich davor, wenn jemand sagt: Dies ist die Wahrheit, oder gar: Ich habe die Wahrheit." (Benedikt XVI. 2010, 69)

Wenn manches aufwühlende ethische Streitgespräch, zumal über elementare Fragen des Lebensschutzes, darin resultiert, man könne das erörterte Thema aus verschiedenen Perspektiven betrachten, jeder Diskursteilnehmer habe dazu im Gespräch seinen eigenen Standpunkt entwickelt, dann ist ein solches auf den ersten Blick vielleicht unbefriedigendes, zumindest recht ernüchterndes Ergebnis keineswegs immer ein Ausdruck der Schwäche oder Unzulänglichkeit der geführten Diskussion. Es kann dies auch ein Zeichen der ethischen Reife der Teilnehmer sein, den Pluralismus zuzulassen, Widersprüche anzunehmen und auszuhalten und gerade nicht der Verlockung zu erliegen, für alle Fragen apodiktische Lösungen mit zwingendem Wahrheitsanspruch präsentieren zu können.

Ganz in diesem kritischen Sinne attestierte der Philosoph Friedrich Nietzsche dem Absolutheitsanspruch der Systematiker: „Ich misstrauen allen Systematikern und gehe ihnen aus dem Weg. Der Wille zum System ist ein Mangel an Rechtschaffenheit." (Nietzsche 1988, 63) Kein System erreicht das individuelle Dasein der Menschen in der Fülle ihrer lebensweltlichen Verschiedenartigkeit, kein ethisches Theoriegebäude vermag die ganze unermessliche Weite des Seelenlebens auch nur eines einzigen Menschen vollständig aufzunehmen. Solch eine Gefahr der Dominanz über das Individuelle und Besondere durch den rigorosen Wahrheitsanspruch ethischer Theorie hat auch Adorno im Blick, wenn er durchaus sehr provozierend formuliert: „Erster und einziger Grundsatz der Sexualethik: der Ankläger hat immer unrecht." (Adorno 1994, 57)

Nun kommt es bei Gesprächen über Ethik aber weitaus häufiger dazu, dass eine Diskussion über existentielle Fragen des Lebensschutzes all zu voreilig mit dem achselzuckenden Hinweis unterdrückt wird, dazu habe eben ein jeder schon seine eigene Meinung, man könne das in Rede stehende Problem halt so oder auch so betrachten: Der eine sieht im Embryo einen Menschen, für den anderen ist er nur ein Zellhaufen. Der eine hält die Menschenwürde für das Fundament einer Ethik des Lebensschutzes, für den anderen ist das Wort Menschenwürde nur eine leere Phrase. Der eine begrüßt die kommerziellen Fortpflanzungstechniken als entscheidenden Schritt der Emanzipation des Menschen von den Naturgegebenheiten, der andere erblickt in ihnen den vollständigen Niedergang humanistischer Werte. In dieser Mannigfaltigkeit von Problemen und Bewertungen könne es jedem schon von vornherein nur sich selbst überlassen werden, wie er sich positioniere. Hier tritt der ethische Relativismus in Gestalt einer Scheintoleranz auf, die den Diskussionspartner überhaupt nicht mehr ernst nimmt und ein Gespräch mit ihm überflüssig macht. Diese

Scheintoleranz verhindert gerade, dass man sich in elementaren Streitfragen zum Lebensschutz die Zeit nimmt und der Anstrengung aussetzt, dem anderen zuzuhören und dabei vielleicht zu einer Weiterentwicklung persönlicher ethischer Überzeugungen zu gelangen. Man muss schon sein eigenes Denken für hinreichend relevant erachten und in gleicher Weise die gegnerische Position zu würdigen verstehen, um befähigt zu werden, gemeinsam intensiv um das Gute zu ringen. Wenn dann nach einem solchen Procedere immer noch ein Dissens im Raum steht, verdient dieser die Anerkennung als philosophische Aporie. Darauf kann künftig eine Gesprächskultur aufbauen. Die Scheintoleranz des „anything goes" hingegen lässt die Gegensätze in ihrer blockartigen Einseitigkeit stehen und schlägt zuletzt in offene Intoleranz um, wofür die weit verbreitete Sprachlosigkeit oder gar Feindseligkeit zwischen Pro Life und Pro Choice ein beredtes Zeugnis ablegen. Doch ist es nicht hinnehmbar, wenn eine Wortmeldung von Papst Franziskus mit dem argumentum ad hominem niedergeschlagen wird, dass ein alter weißer Mann spreche. Ebenso wenig ist es hinnehmbar, wenn zum Beispiel Forschung zum Thema der Geschlechtergerechtigkeit vorab pauschal als „Gendergaga" verunglimpft wird.

Was folgt aus alldem für den Fortgang dieser Abhandlung zum Lebensschutz? Wenn wir nun zuerst eine Sichtung verschiedener ethischer Denkstile vornehmen, sollten wir nicht erwarten, *die eine* konkurrenzlose Theorie zu erküren, welche uns allein in die Lage versetzen könnte, über alle Probleme am Anfang und Ende des Lebens fundiert und gar irrtumsfrei urteilen zu können. Die verschiedenen ethischen Denkformate widersprechen sich einander gerade in ihren Aussagen zu den großen Problemen der Bioethik fundamental. Die Fragerichtung kann deshalb nicht sein: Welche Philosophie ist die Theorie der Wahl, aus deren Prinzipien eine Ethik des Lebensschutzes einfach deduktiv erschlossen werden könnte? Die richtige Frage lautet: Was ist der genuine und unverzichtbare Einzelbeitrag, den die stark divergierenden moralphilosophischen Richtungen jeweils für die Begründung einer Ethik des Lebensschutzes bereithalten?

Einer der verbreitetsten und hartnäckigsten Irrtümer über die Ethik ist die Antithese von Altruismus und Egoismus. Diese betrachtet die Ethik als Schauplatz eines unermüdlichen Kampfes gegen eine vermeintlich naturgegebene Selbstsucht des Menschen, die zu guter Letzt von einer konsequent auf das Wohl und Wehe der Anderen konzentrierten Lebenseinstellung bezwungen wird. Auch der Philosoph Peter Sloterdijk sieht im „Projekt Domestikation" (Sloterdijk 1999, 41) noch das bestimmende Moment eines ethisch stimulierten Humanismus: „Das latente Thema des Humanismus ist also die Entwilderung des Menschen, und seine latente These lautet: Richtige Lektüre macht zahm. (...). Der Humanist lässt sich den Menschen vorgeben und wendet dann auf ihn seine zähmenden, dressierenden, bildenden Mittel an – überzeugt, wie er ist, vom notwendigen Zusammenhang zwischen Lesen, Sitzen und Besänftigen." (Sloterdijk 1999, 17 und 39) Da mag es überraschen, ja zunächst sogar befremden, wenn nun ausgerechnet der Egoismus als ein moralischer Ratgeber (neben anderen) für eine Ethik des Lebensschutzes angerufen werden soll.

Der *ethische Egoismus*, um den es hier geht, darf allerdings nicht mit dem alltäglichen und reflexartigen Ellenbogenegoismus verwechselt werden. Es ist vielmehr ein wissender Egoismus, der gerade solche Menschen etwas angeht, die vielleicht gar keinen so ausgeprägt egoistischen Charakter haben. Der Philosoph Max Stirner gilt mit seinem 1845 erschienenen Hauptwerk „Der Einzige und sein Eigentum" als Exponent eines radikalen philosophischen Egoismus: „Was soll nicht alles Meine Sache sein! Vor allem die gute Sache, dann die Sache

Gottes, die Sache der Menschheit, der Wahrheit, der Freiheit, der Humanität, der Gerechtigkeit; ferner die Sache Meines Volkes, Meines Fürsten, Meines Vaterlandes; (...). Nur *Meine* Sache soll niemals Meine Sache sein. ‚Pfui über den Egoisten, der nur an sich denkt!' Sehen wir denn zu, wie diejenigen es mit *ihrer* Sache machen, für deren Sache Wir arbeiten, Uns hingeben und begeistern sollen. (...). Betrachtet einmal das Volk, das von ergebenen Patrioten geschützt wird. Die Patrioten fallen im blutigen Kampfe (...). Das Volk wird durch den Dünger ihrer Leichen ein ‚blühendes Volk'! Die Individuen sind ‚für die große Sache des Volkes' gestorben, und das Volk schickt ihnen einige Worte des Dankes nach und – hat den Profit davon. (...). Ich Meinesteils nehme Mir eine Lehre daran und will, statt jenen großen Egoisten ferner uneigennützig zu dienen, lieber selber der Egoist sein." (Stirner 1991, 3ff.) Ungeachtet der enthemmt wirkenden Ausdrucksweise Stirners, die hier in der Originalorthographie wiedergegeben wurde, ist leicht erkennbar, wie dieser Egoismus eine nur allzu berechtigte Verteidigung der Interessen des Individuums gegen die Präpotenz gesellschaftlicher Mächte darstellt. Deren Moral und ihre Repräsentanten werden von Stirner als Falschspieler entlarvt.

Mächtige politische Kräfte und Ideologien versuchen heute nicht anders als zu Stirners Zeiten die natürliche Neigung des Menschen, nicht sterben zu wollen, auszuhebeln. So reden sie den Menschen ein, sich selbst, das eigene Leben aufzuopfern, sei eine hehre Pflicht, ein höchster Dienst für Gott oder die Gemeinschaft oder ein anderes hoheitsvolles Ideal. In immer neuen Varianten wird den Menschen das alte Lied gesungen: „Süß ist's und ruhmvoll, stirbt man für's Vaterland" (Horaz 1957, 113) Gegen derlei Zumutungen ist der ethische Egoismus eine Art Abwehrethik. Der Soldat, der von jenen zur Schlachtbank entsandt wird, die gewiss nicht im Krieg sterben werden, dieser Soldat, dessen unverhandelbares Recht auf Leben von niemandem mehr in Staat und Gesellschaft hochgehalten wird, dessen Lebensrecht keinen ethischen Fürsprecher mehr findet; wo sollte er noch seine Zuflucht finden, wenn nicht bei jenem geächteten ethischen Egoismus? Seine ‚egoistische' Entscheidung zu desertieren, wäre auch eine Entscheidung für den Lebensschutz – für das eigene Leben und für das Leben derer, die er nicht mehr töten wird. Der Lebensschutz beschränkt sich also keineswegs auf den Anfang und das Ende des Daseins. Sein Terrain ist das ganze Leben. Es ist in höchstem Maße unglaubwürdig, auf dem Lebensrecht der Ungeborenen zu insistieren und gleichzeitig einfach zuzuschauen, wie das geborene Leben dem Schlachtfeld ausgeliefert wird. Wo der Krieg als Normalität hingenommen wird, wankt überdies der Lebensschutz insgesamt: Verunsicherung, Angst, Hoffnungslosigkeit und Lebensverneinung greifen um sich. Vor einem solchen Leben zu bewahren erscheint dann schließlich klüger als es zu schenken.

Aber auch da, wo es für den Menschen nicht um das Äußerste, die Rettung seiner bloßen Existenz, geht, kommt dem ethischen Egoismus für den Lebensschutz eine oft verkannte Relevanz zu. Dies mag ein weiteres aktuelles Beispiel aus dem Bereich der Gesundheits- und Pflegeethik verdeutlichen. Viele werden sich noch daran erinnern: Zu Beginn der Coronazeit im Frühjahr 2020 gelangten für einen kurzen Augenblick die in den Kliniken und Heimen tätigen Menschen, besonders die Pflegenden, in den Mittelpunkt öffentlicher Aufmerksamkeit. Allabendlich wurde ihnen von Balkonen und Wohngebäuden aus Beifall für ihren hingebungsvollen Dienst gespendet. So wohlmeinend sich dieser Applaus verstand, war ihm doch eine gewisse Ambiguität zu eigen, indem er zugleich ein altruistisches Bild von der Pflege zu perpetuieren drohte, wie es auch nicht wenige Berufsangehörige nach wie vor tief verinnerlicht haben. Sehr kritisch und ganz im Sinne eines wohlverstandenen ethischen Egoismus setzt sich die Altenpflegerin Dietlinde Nitschke mit diesem Rollenverständnis selbstloser Pflege auseinander: „Mir gefällt diese ‚Aufopferungsbereitschaft' in diesem eigentlich schönen Beruf, die scheinbar von vielen erwartet wird, überhaupt nicht. Ich bin dazu nicht bereit und möchte auch selber mein Leben genießen und nicht bis zum Burn-out und/oder Bandscheibenvorfall arbeiten. Jeder Mensch braucht bei dem Elend, mit dem man in dem psychisch und physisch harten Pflegeberuf konfrontiert wird, einen guten Ausgleich. Viele Kollegen sehe ich daran zerbrechen, weil sie nicht die Grenze ziehen können: bis hierhin und nicht weiter. Dieses (…) System der Ausbeutung funktioniert in der Alten- und Krankenpflege deshalb sehr gut, weil eben viele Kranken- und Altenpfleger nicht auch an sich und ihre Bedürfnisse denken. Deshalb ist der Krankenstand in den Berufen meines Wissens auch sehr hoch, weil die permanente Bereitschaft, sich selbst zu überfordern, oft gegeben ist." (Nitschke 2021, 14) Dieses zutiefst unethische Arrangement der Ausbeutung wird oft noch von einer altruistischen Moral überhöht, die eine permanente Selbstüberforderung zur Tugend erklärt. Solch eine „Moral" kann Menschen zerstören. Diesen Zusammenhang aufzuklären, wird selbst wiederum zu einer vordringlichen Aufgabe der Ethik des Lebensschutzes und der helfenden Berufe, denn: „Wenn wir alle so weit gehen, uns ‚aufzuopfern', ist bald keiner mehr da, der die Alten und Kranken pflegt." (Nitschke 2021, 14) Gute Pflege ist ein zentrales Anliegen für die Ethik des Lebensschutzes. Aber nur diejenigen werden diese gute Pflege auch leisten können, die sich zugleich darauf verstehen, ihre eigenen Interessen selbstbewusst zu artikulieren – insbesondere auch in einem politischen Sinne. Damit konvergiert ein reflektierter ethischer Egoismus schon mit einem an der Aufrechterhaltung und Steigerung der allgemeinen Lebensqualität und Wohlfahrt orientierten Utilitarismus.

Was den Lebensschutz angeht, so ist am *Utilitarismus* eigentlich nur eine Einsicht von entscheidender Bedeutung. Und diesen gedanklichen Kern hat vielleicht am besten ein Autor getroffen, der selbst nicht dem Genre der philosophischen Ethik und schon gar nicht dem Spektrum des Utilitarismus zuzurechnen ist. Es ist der Regisseur Axel Corti, der seinen Film „Eine blassblaue Frauenschrift“ unter das Motto gestellt hat: „Alles, was im Leben geschieht, geschieht aus Angst vor Schmerz.“ (Corti 1984, 3) Bei Jeremy Bentham, dem Ahnherrn des Utilitarismus am Ende des 18. Jahrhunderts, klingt das so: „Die Natur hat die Menschheit unter die Herrschaft zweier souveräner Gebieter – *Leid* und *Freude* – gestellt. (…). Sie beherrschen uns in allem, was wir tun, was wir sagen, was wir denken (…).“ (Bentham 1998, 234f.) Weitaus mehr als das Motiv der Freude interessiert an Benthams anthropologischem Axiom der ‚negative‘ Aspekt, die Angst des Menschen vor Schmerz und Leid. Genau damit hat es die Ethik des Lebensschutzes zu tun – sooft alte oder junge Menschen von dem Verderb schwerer Krankheit bedroht werden, sooft Eltern verunsichert sind, ob sie sich ein Leben zusammen mit einem Kind mit einer schweren Behinderung zutrauen und sooft sterbende Menschen von Entzugswiderfahrnissen heimgesucht werden, die ihre verbleibende Lebensqualität weiter schmälern. Die Angst vor Verarmung, Not und Vereinsamung, vor Krankheit, Tod und Sterben, aber auch ganz allgemein vor der Unwägbarkeit der Handlungen anderer Menschen, von denen wir uns abhängig wähnen, belagert unausgesetzt den Lebensweg des Menschen. Spätestens sobald eines dieser zahllosen Übel in unser Leben einfällt, bedrängt uns machtvoll die Sorge, wie jetzt noch zumindest ein gewisser Rest unserer Lebensqualität bewahrt werden könnte.

Für diese Nöte ist der Lebensschutz ganz gewiss zuständig. Aber die Ethik des Lebensschutzes ist durch sie in einer noch viel gravierenderen Weise herausgefordert. In der Angst vor Schmerz als wohl mächtigster Triebfeder menschlichen Handelns gründet zugleich die tiefe ethische Korrumpierbarkeit des Menschen. Die Erfahrung lehrt, wie schnell wir bereit sind, unsere ethischen Überzeugungen und Werte auf dem Altar der Schmerzvermeidung aufzuopfern. Aus der theoretischen Distanz heraus fällt es leicht, den heiligen Wert allen Lebens zu erklären. Aber in der mittelbaren oder unmittelbaren Betroffenheit erscheint dann der Suizid doch ein möglicher Ausgang aus einer qualvollen Lebenskrise zu sein und die Schwangerschaftsunterbrechung ein Mittel zur Abwendung schweren Leids. Wohl ist die Leidensverminderung für die Ethik des Lebensschutzes ein wesentlicher Zweck. Aber ist für dieses Ziel auch alles erlaubt? Zunächst bleibt festzuhalten: Die Lebensweise (genaugenommen die Lebensnegierung) eines Buddha in der Auslöschung des Ichbewusstseins und der Aufhebung allen Leidens ist für uns weitgehend eine Fiktion. Auch die Erhabenheit des stoischen Weisen über Leid und Freude gleichermaßen dürfte für die Wenigsten erreichbar oder auch nur erstrebenswert sein. Täuschen wir uns nicht darüber hinweg, wie sehr beinahe jeder aus dem Antrieb lebt und handelt, Schmerz und Übel von sich und den Seinen fernzuhalten.

Für den Utilitarismus ist der Feldzug gegen das Leiden nur die Rückseite seines eigentlichen Hauptanliegens, das auf die Förderung der öffentlichen Wohlfahrt im Sinne einer Ermöglichung des größten Glücks für die größte Zahl zielt. John Stuart Mill, der wohl prägnanteste Denker des Utilitarismus im 19. Jahrhundert, definiert: „Die Auffassung, für die die Nützlichkeit oder das Prinzip des größten Glücks die Grundlage der Moral ist, besagt, dass Handlungen insoweit und in dem Maße moralisch richtig sind, als sie die Tendenz haben, Glück zu befördern, und insoweit moralisch falsch, als sie die Tendenz haben, das Gegenteil von Glück zu bewirken. Unter ‚Glück' ist dabei Lust und das Freisein von Unlust, unter ‚Unglück' Unlust und das Fehlen von Lust verstanden." (Mill 1997, 13) In diesen Sätzen finden wir drei der vier Teilprinzipien des Utilitarismus repräsentiert. Da ist zuerst das Nutzenprinzip selbst, das allein den erwartbaren Nutzen einer Handlung als Maßstab ihrer ethischen Beurteilung gelten lässt. Das erscheint heute trivial. Vor dem Hintergrund der Vorherrschaft eines elitären Verständnisses von Ethik war die Fokussierung auf den Nutzen für das Gesamtwohl der Gesellschaft aber eine fast schon revolutionäre Tat. Das Nutzenprinzip wiederum impliziert das Folgenprinzip, denn es müssen Vermutungen darüber angestellt werden, welche von verschiedenen Handlungsalternativen die Realisierung des höchsten Nutzens verspricht. Durch das Lustprinzip wird qualifiziert, welcher Art denn der ethisch anzustrebende Nutzen sein soll: Auf die Maximierung von Lust und Freude und die Minimierung von Unlust und Leid kommt es an. Zusätzlich stellt Mill ganz explizit das Sozialprinzip als viertes Teilprinzip des Utilitarismus heraus: „Ich muss noch einmal auf das zurückkommen, was die Gegner des Utilitarismus nur selten zur Kenntnis nehmen wollen: dass das Glück, das den utilitaristischen Maßstab des moralisch richtigen Handelns darstellt, nicht das Glück des Handelnden selbst, sondern das Glück aller Betroffenen ist. Der Utilitarismus fordert von jedem Handelnden, zwischen seinem eigenen Glück um dem der anderen mit ebenso strenger Unparteilichkeit zu entscheiden wie ein unbeteiligter und wohlwollender Zuschauer." (Mill 1997, 30) Der Utilitarismus darf also keinesfalls mit dem ethischen Egoismus verwechselt werden. Es geht stets um das Glück aller von einer Handlung betroffenen Menschen bzw. bei Bentham sogar aller schmerzempfindlichen Lebewesen. In der Praxis läuft dies auf das Glück der Mehrheit hinaus. Für eine Ethik des Lebensschutzes, die doch häufig vor allem Minderheitenschutz ist, wirft dies, wie sich später konkret zeigen wird, eine Fülle von Fragen und Problemen auf.

Dem Utilitarismus liegt die Überzeugung von der Kalkulierbarkeit und Produzierbarkeit des Glücks zugrunde. Sein Ziel besteht darin, in einem völlig rationalen und systematischen Verfahren „das Gebäude der Glückseligkeit durch Vernunft und Recht zu errichten." (Bentham 1998, 235) Gerade darin aber liegt der fundamentale Irrtum des Utilitarismus, denn „das Glück entzieht sich uns genau und gerade in dem Maße, in dem wir es forciert intendieren." (Frankl 1981, 38) An der „Unintendierbarkeit des Glücks" (ebd., 39) zerschellt die utilitaristische Moralphilosophie, so zutreffend und bedeutsam auch ihre anthropologische Beobachtung für immer bleibt, dass beinahe alle Menschen gemeinsam mit den Tieren die Tendenz haben, den Schmerz zu fliehen. Mit dem Psychiater und Neurologen Viktor E. Frankl ist der utilitaristischen Agenda entgegenzuhalten: „Auf jeden Fall ist alles Glücksstreben des Menschen insofern verfehlt, als ein Glück ihm nur in den Schoß fallen kann, niemals jedoch sich erjagen lässt." (Frankl 1981, 88) Trifft dies dann aber nicht auch für die ‚negative' Version des Utilitarismus zu, das Leiden minimieren oder gar eliminieren zu wollen?

Bislang haben unsere Sichtungen bewährter ethischer Theorien Indizien dafür erbracht, welche Aspekte der menschlichen Natur für die Grundlegung einer Ethik des Lebensschutzes beachtenswert sind. Dazu gehört zum Beispiel der Drang zur Selbsterhaltung oder die Angst vor Schmerz. Wägt man die existentiellen Dimensionen, an welche die moralischen Fragen um Geburt und Tod, um Sexualität und Fortpflanzung, um Krankheit und Heilung, um Sterbehilfe und Euthanasie heranreichen, so meldet sich das geistige Bedürfnis, ein noch beständigeres, unerschütterliches Fundament für die Betrachtung dieser Phänomene zu gewinnen. Wir suchen und brauchen Gewissheiten, wo es um die letzten – und die ersten – Dinge des Daseins geht. Der Theologe Hans Küng hat für dieses Verlangen die paradigmatische Formulierung gefunden: „Nur Unbedingtes kann unbedingt verpflichten.“ (Küng 1990, 77) In einer ethisch kontingenten, zum Relativismus neigenden gesellschaftlichen Realität, ist für Küng dasjenige, was gemeinhin Gott geheißen wird, „der Urgrund, Urhalt, jenes Urziel der Menschen und der Welt.“ (Küng 1990, 77) Dieser „Urgrund“ ist für Küng der Wahrheitsgarant ethischer Gebote, „das einzig Unbedingte in allem Bedingten, das die Unbedingtheit und Universalität ethischer Forderungen begründen kann.“ (Küng 1990, 77). Damit erhält die alte, heute gerne bespöttelte scholastische Übung der Gottesbeweise durch die Moralphilosophie eine neue Aktualität. Denn aus dieser Perspektive betrachtet geht es gerade auch um die (theologische) Letztbegründbarkeit *ethischer* Prinzipien, wenn zum Beispiel Thomas von Aquin in seinem vierten Gottesbeweis schlussfolgert: „Der vierte Weg geht aus von den Wertstufen, die wir in den Dingen finden. Wir stellen nämlich fest, dass das eine mehr oder weniger gut, wahr, edel ist als das andere. Ein Mehr oder Weniger wird aber von verschiedenen Dingen nur insofern ausgesagt, als diese sich in verschiedenem Grade einem Höchsten nähern. (…). So muss es auch etwas geben, das für alle Wesen Ursache ihres Seins, ihres Gutseins und jedweder ihrer Seinsvollkommenheiten ist: und dieses nennen wir ‚Gott‘.“ (Thomas von Aquin o.J., 47) Am Ende unserer Abhandlung werden wir nochmals zu dieser Idee eines maßgebenden vollkommenen Seins, eines allmächtigen und insbesondere allgütigen Gottes zurückkehren. Dann allerdings weniger aus dem Antrieb heraus, in ihr den Quellgrund für die Gewissheit von normativen ethischen Prinzipien zu finden. Vielmehr wird sich zeigen, wie die ethische Dichotomie von gut und böse und das ganze daran geknüpfte Normengeflecht durch die biblisch überlieferte Gottesidee überstiegen und in eine Ordnung der Liebe verwandelt wird.

Die Besonderheit von Küngs Sentenz „Nur Unbedingtes kann unbedingt verpflichten" besteht im Kontext der Ethikrechtfertigung zudem darin, dass sie gleichermaßen für theologische wie philosophisch-deontologische Moralbegründungen offen ist. In seiner Publikation zum „Projekt Weltethos" denkt Küng zunächst aber explizit an „die prophetischen Religionen, Judentum, Christentum und Islam" (Küng 1990, 77) und verwirft noch mit einem Seitenhieb auf Kant die säkulare Dimension: „Mit einem allen Menschen quasi-eingeborenen ‚kategorischen Imperativ', sich das Wohl **aller** Menschen zum Maßstab des **eigenen** Handelns zu machen, kann man heute – nach Nietzsches Verherrlichung des ‚Jenseits von Gut und Böse' – nicht mehr rechnen." (Küng 1990, 77) Später hat sich Küng selbst korrigiert, indem er die Exklusivität der „prophetischen Religionen" für die Moralbegründung widerrufen hat. Die Kritik, die Küng an die sogenannte Amtskirche adressiert, trifft dabei eigentlich mehr seine eigene frühere Positionierung: „Bestimmt würde es nicht nur mich freuen, wenn unsere Kirchenleitungen endlich verstehen würden, dass sie christliche Werte nur im Kontext allgemein menschlicher Werte und nicht gegen sie wirksam zur Geltung bringen können. (…). Genau am Punkt einer elementaren Menschlichkeit treffen sich – bei allen immensen Unterschieden – humanistisches Ethos und Ethos der Weltreligionen." (Küng 2009, 87) Nun betrachtet also auch Küng beispielsweise Kant und seine Konzeption der Menschenwürde als eine Säule des möglichst weit gefassten gemeinsamen Ethos der Menschheit.

Der Rekurs auf die *Menschenwürde* ist für das rechte Verständnis einer Ethik des Lebensschutzes unverzichtbar. Zugleich ist der Begriff der Menschenwürde aber gewaltigen Missverständnissen und Gefährdungen ausgesetzt. Fortwährend ist allerorten von der Menschenwürde die Rede. Unsere Ohren haben sich so sehr an die Omnipräsenz dieses Wortes in Politik und

Medien gewöhnt. Damit droht eine Abstumpfung gegenüber ihrem genauen Sinn und ihren verpflichtenden Forderungen einherzugehen. Was aber ist denn Würde? Der Philosoph Robert Spaemann beschreibt Würde als „jene Eigenschaft, aufgrund deren ein Wesen aus jeder abwägenden Berechnung ausscheidet, weil es selbst Maßstab der Berechnung ist." (Spaemann 2015, 90) Die Menschen sind solche Wesen, deren Dasein nicht in Kosten-Nutzen-Kalkülen verrechnet werden darf. Sie sind Wesen, die nicht (ausschließlich) das Objekt der Präferenzen anderer sind, sondern die als Subjekte selbst Vorsätze haben und eigene Handlungsziele einsetzen.

Warum wird gerade dem Menschen eine solche unvergleichliche Würde zuteil? Der Mensch ist nicht einfach nur ein Ding unter anderen Dingen, inaktiv, teilnahmslos und ohne Widerspruch dem Weltlauf unterworfen. „Der Mensch: der Neinsagenkönner" (Scheler 1988, 100) – so besagt es die unübertroffene Charakterisierung des Menschen durch den Philosophen Max Scheler. Das ist die radikale Antithese zu dem oben erörterten Satz: „Alles, was im Leben geschieht, geschieht aus Angst vor Schmerz." Der Mensch ist in seinem Handeln eben doch nicht zwangsläufig dem Diktat von Leid und Unlust unterworfen. Das gilt um so mehr für das Verhältnis zu seiner sozialen Lebenswelt und ihren Zumutungen. Der Mensch muss nicht alles mitmachen, was Mode, Zeitgeist oder die Mächtigen von ihm erwarten oder verlangen. Er kann selbst denken und autonom handeln, allein der eigenen ethischen Gesetzgebung verpflichtet. Darin hat die unveräußerliche Würde des Menschen ihren Grund. Für Kant ist die Menschheit deshalb eine Art Heiligtum: „Die Menschheit selbst ist eine Würde; denn der Mensch kann von keinem Menschen (weder von anderen noch sogar von sich selbst) bloß als Mittel, sondern muss jederzeit zugleich als Zweck gebraucht werden, und darin besteht eben seine Würde (die Persönlichkeit), dadurch er sich über alle andere Weltwesen (...), mithin über alle Sachen erhebt." (Kant 1919, 321)

Was folgt auf der Handlungsebene konkret aus der Menschenwürde? Alle Handlungen, welche dieses Wesen des Menschen, seine Partizipation am Würdeschutz, missachten, sind ethisch verwerflich. Kants Formulierung schließt nicht aus, dass Menschen im gesellschaftlichen Leben auch einander gebrauchen, „es gibt jedoch Handlungsweisen" – erläutert Spaemann – „die den Menschen als Person negieren. Zum Beispiel wird er als Selbstzweck verneint, wenn er in Sklaverei gebracht wird; wenn er gefoltert wird; wenn er als Unschuldiger getötet wird; wenn er sexuell missbraucht wird. Und Kant meinte: auch wenn er belogen wird, (...). So hat zum Beispiel niemand das Recht, einen Kranken, der ernsthaft und im Vertrauen auf die Wahrheit nach seinem Zustand fragt, zu belügen, und ihn so der Möglichkeit zu berauben, sich mit seinem Schicksal auseinanderzusetzen." (Spaemann 2015, 71 und 93f.) Nicht immer erfährt dem einzelnen die Verletzung seiner Würde von außen durch andere Menschen oder durch das institutionelle Handeln von Verwaltungen und Bürokratien, welches sich gegen die davon betroffenen Menschen verselbständigt und sie zu bloßen Objekten abstrakt normierter Verfahrenstechniken degradiert. Kant legt großen Wert darauf, dass der Mensch die Menschenwürde auch in Hinblick auf seine eigene Person achten soll. Dies ist ein Aspekt, der in den Diskussionen um den Lebensschutz oft zu kurz kommt. Die Würde des Menschen setzt auch der Willkür einer als Selbstbestimmung missdeuteten reinen Beliebigkeit des Wollens Grenzen: Keineswegs ist alles, was wir begehren, nur deshalb, weil wir es begehren, schon ein Akt der vernünftigen, freien Selbstbestimmung. Wir dürfen uns auch nicht selbst wie ein bloßes Ding betrachten und behandeln, zum Beispiel wie eine Maschine, die auf reine Lustmaximierung hin konstruiert ist. Das Verdinglichungsverbot, welches der Kategorische Imperativ ausspricht, gilt universell. Kant unterstreicht dies eindrucksvoll: Er sieht sogar Gott diesem Instrumentalisierungsverbot unterworfen, wenn er seinen Lesern einschärft, „dass (…) der Mensch (mit ihm jedes vernünftige Wesen) *Zweck an sich selbst* sei, d. i. niemals bloß als Mittel von jemandem (selbst nicht von Gott) ohne zugleich hierbei selbst Zweck zu sein, könne gebraucht werden, (…)." (Kant 1986, 209)

Für ein vorläufiges Resümee können wir festhalten: Bei unseren Ethik-Sichtungen ging es nicht um eine abermalige Einführung in die praktische Philosophie. Die Aufgabe bestand in einer gezielten Relecture des Bestandes moralphilosophischer Theorien und Ideen für eine neue Ethik des Lebensschutzes. Das bezog auch einen emanzipatorisch verstandenen ethischen Egoismus mit ein, der das Interesse des Individuums an der Wahrung eigner Bedürfnisse für moralisch legitim erachtet. Aus dem Utilitarismus wächst dem Nachdenken über den Lebensschutz das Wissen um die Angst vor Leid und Schmerz als eine der mächtigsten Triebfedern menschlichen Handelns zu. Die Implikationen einer insbesondere auf Kant zurückgehenden Ethik der Menschenwürde und der Autonomie der menschlichen Person bestehen in einem strikten Verbot einer Verfügbarmachung des Menschen für Interessen und Zwecke, die von ihm nicht geteilt werden oder die vor ihm verborgen gehalten werden sollen.

Kommen wir am Ende unserer Betrachtungen unterschiedlicher ethischer Denkstile in einer Kreisbewegung wieder bei jenem Relativismus heraus, mit dem wir uns anfangs auseinandergesetzt hatten? Jeder Teilnehmer eines Ethikkurses weiß doch um die Unvereinbarkeit von utilitaristischer Folgenethik und Kants Pflichtethik, um die Disparität von theologischer und philosophischer Normbegründung oder um die Selbstwidersprüche, in die sich der ethische Egoismus verstrickt, sobald er zum allgemeinen Prinzip erhoben wird. Und diese Ethiken sollen nun alle gleichermaßen nebeneinander bestehen? Tatsächlich ragen die Eingebungen und Teilerkenntnisse all dieser inkommensurablen Anschauungen zur Moralphilosophie auf mannigfaltige Weise und in immer neuen, oft paradox anmutenden Verknüpfungen in die konkrete Ethik des Lebensschutzes hinein, wie in den folgenden Kapiteln ersichtlich wird. Dagegen kann man sich nicht immunisieren, wie dies das Ideal einer reinen, widerspruchsfreien, gleichsam unbefleckten Lehre suggeriert, welches sowohl Pro Life als auch Pro Choice propagieren.

Was die Herausforderungen betrifft, die daraus für das Nachdenken über Ethik entspringen, so vermag ein Wort des polnischen Philosophen Joseph M. Bochenski Abhilfe zu verschaffen, welches dieser zunächst auf die Wertethik gemünzt hatte: „Nicht die Werte selbst, sondern unser Erkennen der Werte ist relativ." (Bochenski 1951, 155) Nicht anders verhält es sich mit der Fülle ethischer Ideale, die kein Mensch für sich allein auszuleuchten oder gar zu verwirklichen vermag. Freilich ist die Wertethik etwas völlig anderes als die normative Ethik. Wir dürfen an dieser Stelle die verschiedenen philosophischen Ebenen keineswegs leichtfertig miteinander vermengen. Die Sphäre der Werte, solche sind für den Wertethiker Max Scheler zum Beispiel die Werte des sinnlichen Fühlens, des vitalen Fühlens und des geistigen Fühlens, ist nicht zu verwechseln mit dem Bemühen der normativen Ethik um die rationale Letztbegründbarkeit moralischer Prinzipien. Gleichwohl übermittelt die wertethische Unterscheidung zwischen der Absolutheit der Werte einerseits und der Variabilität und Perspektivität persönlicher menschlicher Werterkenntnis andererseits ein Modell dafür, wie man dem Pluralismus unterschiedlicher ethischer Denkstile standhalten kann, ohne dem ethischen Relativismus anheimzufallen. Auch die in diesem Kapitel vorgenommenen

Ethik-Sichtungen bieten nur einen Ausschnitt des Ganzen an. Kein Mensch erfasst dieses Ganze der Ethik, was jedoch die Geltung der einzelnen Werte und Normen keinesfalls tangiert. Aber Geltung für wen? Es sind nicht einmal nur zwei Personen denkbar, die in ihren ethischen Auffassungen vollkommen übereinstimmen. Was jemand für ethisch wertvoll erachtet, von welchen Normen er sich leiten lässt, das hängt gewiss auch von den jeweils besonderen situativen und biographischen Voraussetzungen ab, weitaus mehr noch ist es aber eine Frage der inneren Gestimmtheit seines Geistes. Diese Ausgangslage mahnt zur Bedachtsamkeit, zum Zurückhalten eines übereilten Urteils, damit daraus nicht ein Vorurteil werde. Notwendig ist eine Art Wachsamkeit in Permanenz gegenüber dem eigenen blinden Fleck. Allein schon deshalb ist das Gespräch zwischen Pro Life und Pro Choice für die Weiterentwicklung der Ethik des Lebensschutzes unverzichtbar. Wir eröffnen in den beiden folgenden Kapiteln diesen Diskurs mit jeweils einem Plädoyer Pro Life und Pro Choice.

Zweites Kapitel: Die Schutzwürdigkeit des ungeborenen Lebens: ein Plädoyer Pro Life

Wer das Prinzip der Inklusion anerkennt, wird auch den ungeborenen Menschen ihr Recht auf Leben schwerlich absprechen können. Wer über Fragen des Lebensschutzes nachsinnt, muss sich bewusst sein, dass er selbst einmal ein Embryo gewesen ist. Seine Geburt und sein Dasein verdankt er der Liebe, dem Verantwortungsbewusstsein und der Fürsorge, zumindest aber dem „Ja", das andere Menschen zu ihm gesprochen haben. Mit welchem Recht wollte er all das Gute, was er empfangen und was sein eigenes Dasein doch erst ermöglicht hat, nun anderen Menschen im frühesten Stadium ihrer Existenz vorenthalten? Hier hat Pro-Life sein Memento, indem es das Recht auf Leben gerade auch der ungeborenen Menschen immer wieder hartnäckig in Erinnerung ruft und einklagt.

Wir werden nun vor dem Hintergrund dieser moralischen Intuitionen verschiedene philosophische und theologische Stellungnahmen auswerten, die sich mit der entscheidenden Frage befassen, ab wann der Status einer menschlichen Person am Lebensanfang gegeben ist. Denn dass ein Mensch Anspruch auf moralische Berücksichtigung hat, mag wohl unumstritten sein, doch die Bestimmung des Zeitpunkts, von dem an menschliches Leben unzweifelhaft eine solche moralische Schutzwürdigkeit genießt, skaliert von einem frühestmöglichen Moment der Verschmelzung von Ei- und Samenzelle bis hin zu einem Monat nach der Geburt.

Beinahe bis zum Überdruss ist in diesem Zusammenhang über das Buch „Praktische Ethik“ des Utilitaristen Peter Singer debattiert worden. Darin befinden sich auch in der aktuellen dritten Auflage die vielzitierten Sätze: „Wenn wir der Totalansicht den Vorrang (…) einräumen, dann müssen wir die Wahrscheinlichkeit in Betracht ziehen, dass sofern der Tod eines behinderten Säuglings zur Geburt eines anderen Säuglings mit besseren Aussichten auf ein glückliches Leben führt, die Gesamtsumme des Glücks größer ist, wenn der behinderte Säugling getötet wird. Der Verlust eines glücklichen Lebens für den ersten Säugling wird durch den Gewinn eines glücklicheren Lebens für den zweiten aufgewogen. Wenn daher die Tötung des hämophilen Säuglings keine nachteilige Wirkung auf andere hat, dann wäre es nach der Totalansicht richtig, ihn zu töten. Die Totalansicht versteht Säuglinge ähnlich als ersetzbar wie Tiere, die über kein Bewusstsein ihrer selbst verfügen (…). “ (Singer 2013, 293) Wie gelangt Peter Singer zu dieser Ansicht? Unterstellt wird ein Fall, bei dem das Leben eines Säuglings mit einer Behinderung (Hämophilie) die Gesamtsumme des Glücks aller davon betroffenen Personen in einen negativen Saldo absinken lässt. Die Eltern befürchten Einbußen an ihrer eigenen Lebensqualität und stellen ihre Familienplanung dahingehend um, keine weiteren Kinder zu zeugen oder zu adoptieren, deren Lebensglück, so der gedankliche Fortgang von Singers Unterstellung, mutmaßlich höher wäre als das des Säuglings mit der Behinderung. Dieses Szenario lässt sich noch erweitern: Auch Kinder aus entfernten Armutsregionen der Erde könnten mittelbar zum Kreis dieser Betroffenen gehören, wenn nämlich die hohen Aufwendungen der Eltern für das eigene Kind mit einer Behinderung die ökonomischen Ressourcen aufzehren würden, die sie sonst hungernden Kindern andernorts zuteilwerden lassen könnten. Man erkennt leicht, wie in dieser Argumentation ausgerechnet das utilitaristische Sozialprinzip („Totalansicht“) den Ausschlag gibt für das Todesurteil über den Säugling mit einer Behinderung. Singer moniert, dass bisher Eltern nur auf dem Weg der Pränataldiagnostik eine Chance hätten, sich für oder gegen ein Kind mit einer Behinderung zu entscheiden und fordert diese Wahlmöglichkeit auch für einen Zeitintervall nach der Geburt des Kindes ein: „Würden behinderte Neugeborene bis zu einem bestimmten Zeitpunkt nach der Geburt nicht als Wesen betrachtet, die ein Recht auf Leben haben, dann wären die Eltern in der Lage, in gemeinsamer Beratung mit dem Arzt und auf viel breiterer Wissensgrundlage in Bezug auf den Gesundheitszustand des Kindes, als dies vor der Geburt möglich wäre, ihre Entscheidung zu treffen." (ebd., 298f.)

Von wohlwollender Seite ist gegen Singers Räsonnement zu Recht auf die immer wieder erlebbare hohe Glücksfähigkeit gerade von Menschen mit einer Behinderung wie zum Beispiel Trisomie 21 verwiesen worden. Im Vergleich mit dieser optimistischen, positiv lebensbejahenden Einstellung wirkt Singers Sichtweise wie ein düsteres Konstrukt aus kruden Vorurteilen. Dennoch lässt sich mit diesem unbedingt sympathischen Einwand Singers Argumentation noch nicht völlig beikommen. Die von Singer insinuierte Fallkonstellation, so ausgeklügelt sie auch anmutet, ist nicht nur theoretisch denkbar, sondern sie konfrontiert uns insbesondere durch die Beispielkomponente der mitbetroffenen Kinder aus Hunger- oder Armutsregionen in provozierender Weise damit, dass wir die stabile Neigung haben, Leben und Leben *ungleich* zu bewerten. Dieser Aspekt sollte schon nachdenklich stimmen. Er kann dennoch nicht den Blick dafür trüben, wie Singers Standpunkt endlich doch aus einem fundamentalen Konstruktionsfehler des Utilitarismus resultiert, den der Philosoph Dieter Birnbacher als „Paradox der ‚Ersetzbarkeit'" (Birnbacher 2008, 102) beschrieben hat: „Nicht das Individuum als einzelnes hat einen Wert, sondern Wert besitzt es als ‚Gefäß' für einen Wert, für den es – gleichgültig, ob es sich um einen subjektiven Wert wie Glück oder Zufriedenheit oder einen objektiven wie Leben oder Vielfalt handelt – keinen Unterschied macht, ob er in diesem oder einem anderen Individuum realisiert ist. (...). Im Prinzip (...) ist für eine aggregative Wertlehre jeder Träger des jeweils postulierten Werts durch jeden anderen ersetzbar. Falls dieser andere mehr von diesem Wert verkörpert, wäre es sogar moralisch richtig, die Ersetzung tatsächlich vorzunehmen." (Birnbacher 2008, 102) Aus diesem Grund will Singer neugeborenen Menschen mit einer Behinderung erst einige Zeit nach ihrer Geburt ein Recht auf Leben konzedieren. Die Individuen an sich sind wertlos, erst die Möglichkeit ihrer Befüllung mit Glückseinheiten verleiht ihnen einen mittelbaren und höchst fragilen Wert. Man mag die Motive für solche utilitaristischen Abstufungen zwischen lebenswert und nicht lebenswert noch theoretisch nachvollziehen können, denn namentlich die oben diskutierte Angst vor Schmerz als Movens der utilitaristischen Ethik schlägt sich darin nieder. Aber liegt in dem Gedanken, einen jungen Menschen ganz kalkuliert und absichtsvoll zu töten, weil seine eigene Glücksfähigkeit von anderen für zu gering erachtet wird und weil er dem Glück eines anderen Menschen im Wege stehen könnte, nicht etwas zutiefst Grausames? Gerade gegen solche gefühlsgetönten intuitiven Überzeugungen will Singer mit der nüchtern-kühlen Rationalität seiner Version des Utilitarismus jedoch zu Felde ziehen. Doch läuft das nicht auf eine Immunisierung gegen das Gewissen hinaus?

In jüngster Zeit hat die utilitaristisch konnotierte moralische Infragestellung des Lebensrechtes bestimmter Menschen in ihrer ökoethischen Variante eine erstaunliche Zuspitzung erfahren, indem nun das Kindsein als solches auf den Prüfstand der Gesamtnutzenrechnung kommt. So sinnieren die Klimaschutzaktivistin Luisa Neubauer und der Politökonom Alexander Repenning über Maßnahmen zur Beilegung der Klimakrise: „Ist es noch verantwortlich, Kinder in die Welt zu setzen, wenn diese dann aller Voraussicht nach von ungeahnten Krisen geschüttelt sein wird? Und: Ist das Kinderkriegen unseren Mitmenschen gegenüber verantwortungsvoll, da, statistisch gesehen, nichts einen größeren CO2-Fußabdruck hinterlässt als ein Kind?" (Neubauer/Repenning 2019, 36) Da drängt sich die Gegenfrage auf: Um wessen Zukunft geht es denn eigentlich bei der Bewältigung der Klimakrise, wenn die Existenz von Kindern dabei die schwerste Komplikation darstellen soll? Darin persistiert eine ethische Konfusion, die der belgische Theologe Phil Bosmans schon der ersten Generation der Umweltbewegung attestiert hatte: „Es ist pure Heuchelei, Gesetze aufzustellen, die das Leben in der Natur beschützen, den Baum am Weg, den Vogel in seinem Nest, den Seehund im Meer und gleichzeitig alles beginnende menschliche Leben der Willkür zu überlassen. Der Mensch wird dem Menschen anvertraut. Die einzige verantwortliche Haltung gegenüber allem menschlichen Leben von seinem Anfang an ist Hochachtung und eine grenzenlose Ehrfurcht." (Bosmans 1980, 47)

Kehren wir zurück zur systematischen Bearbeitung der Frage nach dem Beginn der moralischen Schutzwürdigkeit des menschlichen Lebens. Der berühmte amerikanische Molekularbiologe James D. Watson antwortet auf diese bioethische Frage: zwei Tage nach der Geburt. Seine Position ist das Ergebnis einer Verschränkung von Ethik und Genetik. Watson treibt die Sorge um, wie mit „den Unglücklichen" – und dabei denkt Watson insbesondere an „Down-Kinder" (Watson 2001, 31) – umzugehen sei, „deren Gene kein sinnvolles Leben zulassen." (ebd., 28) Ein sinnvolles Leben definiert der Nobelpreisträger von 1962 als ein solches, „von dem man eine Zukunft erwarten kann (…), eine Chance darauf, einmal heiraten zu können, einmal als gleichberechtigt akzeptiert zu werden, sobald man einen Raum betritt." (ebd., 28) Offen reklamiert Watson für seine Position eine Art Nachfolgerschaft Adolf Hitlers: „Hitler sagte: Tötet alle, die diese Chance nicht besitzen. Ich meine, sie sollten gar nicht erst geboren werden." (ebd., 28) Um bei der Erstellung der Prognose für ein „sinnvolles Leben" jedoch möglichst sicher sein zu können, fordert Watson: „Man sollte bis zwei Tage nach der Geburt warten, bevor man etwas als Leben deklariert, als ein Kind mit Zukunft." (ebd., 30) Das Argumentationsgestell, welches hinter dieser Empfehlung steht, hat einen unzweifelhaft sozialdarwinistischen Charakter. Die Verdammten dieser Erde, das sind für Watson die aus genetischen Gründen von der Führung eines erfolgreichen sinnvollen Lebens ausgeschlossenen Menschen, besitzen also von Natur aus nicht die notwendigen Voraussetzungen, um den Kampf ums Dasein zu bestehen. Durch die Zivilisation, Watson verweist auf die Menschenrechte, kommt es zu einer Störung der natürlichen Auslese. Die Aufgabe der Ethik in dieser Situation besteht für Watson darin, die Selektionsfunktionen der Natur wiedereinzusetzen.

Es würde den Rahmen dieser Abhandlung zum Lebensschutz sprengen, die immanenten Widersprüche der Äußerungen Watsons, sein biologistisch verkürztes Menschenbild, seine höchst degoutante Koketterie mit dem nationalsozialistischen Euthanasieprogramm, einer umfassenden Ideologiekritik zu unterziehen. Dies ist nach der Veröffentlichung des Interviews mit Watson, aus dem wir oben zitiert haben, in detaillierter und instruktiver Weise von einer studentischen Arbeitsgruppe geleistet worden, auf deren Publikation „Anmerkungen zu Watson" (Beckmann/Goller u.a. 2002) hier verwiesen sei.

Bleibt die Frage zu klären, warum die nicht nur völlig inkompetenten und indiskutablen, sondern auch offenkundig homophoben Auffassungen Watsons in diesem Kapitel überhaupt so breit dargelegt werden. Die Antwort darauf ist erschreckend einfach: Watson beschreibt die faktisch praktizierte Moral in weiten Teilen unserer Gesellschaft! Ungewollt hält er uns den Spiegel vor. Betrachten wir daraufhin als Beispiel das Schicksal von ungeborenen Kindern mit der Prognose Trisomie 21. Die aktuellen Jahresberichte des sogenannten „Fehlbildungsregisters" für das Bundesland Sachsen-Anhalt – bundesweite Zahlen sind nicht verfügbar – vermelden zum Schwangerschaftsausgang nach einer pränatalen Risikoprognose Trisomie 21 für die Jahre 2019 bis 2022 jeweils um die 50% „induzierte Aborte". (Götz/Köhn u.a. 2020, 59; Götz/Köhn u.a. 2021, 59; Götz/Köhn u.a. 2022, 59; Götz/Köhn u.a. 2023, 59) Diese nur spärlichen und zudem nicht bedenkenlos verallgemeinerbaren validen Zahlen sind zwar keine Bestätigung für die in verschiedenen Medien wiederholt kolportierten 90% Abtreibungen nach diagnostizierter Trisomie 21 in Deutschland. Gleichwohl sind sie ein deutliches Indiz für den fortdauernd fragilen gesellschaftlichen Status von Menschen mit einer Behinderung Trisomie 21 im Mutterleib wie auch außerhalb des Mutterleibs. Seit 2022 werden in Deutschland zusätzlich nicht-invasive vorgeburtliche Tests u.a. zur frühzeitigen Bestimmung der Trisomie 21 als Kassenleistung vorgehalten. In den ersten zwölf Monaten nach der Kassenzulassung kamen pro Quartal auf durchschnittlich 160.000 Geburten bereits 63.000 solcher pränatalen Bluttests. (Rüffer 2024) Nachdem schon die privatwirtschaftliche Entwicklung des neuen vorgeburtlichen Diagnoseverfahrens aus Bundesmitteln gefördert worden ist (Deutscher Bundestag 2015, 10f.), wird nun auch seine breitenwirksame Anwendung mit Beitragsgeldern bzw. Bundeszuschüssen zur GKV öffentlich finanziert. Liegt dem allem etwa nicht eine implizite Wertung zugrunde? Die Ethnologin und Hebamme Angelica Ensel kommt zu dem richtigen Schluss: „Das **Down-Syndrom** (sic), die am häufigsten vorkommende, jedoch lange nicht schwerste genetische Fehlbildung, steht im Mittelpunkt der Diskussion – eine Tatsache, die auf die zunehmend geringe gesellschaftliche Akzeptanz von Behinderung/Anderssein und eine Verengung des Leidbegriffes verweist." (Ensel 2005, 131) Es ist wohlfeil, Watson wegen seiner Interventionen zur Bioethik zu schmähen. In der Tendenz läuft die Entwicklung auf genau jene pränatale Selektion von Menschen mit einer Behinderung Trisomie 21 hinaus, für die sich Watson so stark gemacht hat.

Während Singer und Watson aus jeweils verschiedenen Gründen eine prinzipielle Schutzwürdigkeit des ungeborenen menschlichen Lebens verneinen, meint der Bioethiker Martin Sass mit dem „70. Tage nach der Befruchtung" einen sehr präzisen Zeitpunkt markieren zu können, von dem an wir die Pflicht haben, „dem werdenden menschlichen Leben den vollen rechtlichen Schutz und die ungeteilte ethische Solidarität und Achtung bedingungslos entgegen(zu)bringen." (Sass 2004, 181) Zu dieser Überzeugung gelangt Sass durch den Versuch, eine dem Hirntodkriterium und seiner Relevanz für die Klärung ethischer Probleme am Ende des menschlichen Lebens vergleichbare Definition für den Anfang des menschlichen Lebens zu entwickeln. So mutiert bei Sass das Hirntod-Argument am Lebensende zum Hirnleben-Argument am Lebensanfang. Die Basis für seine Beweisführung ist ein Bündel anthropologischer Konstanten: „Erst die zentrale neuronale Steuerung, Schmerzempfindung und Kommunikation, Bewusstsein und Selbstbewusstsein machen den Menschen aus." (ebd., 181) Das sind für Sass die elementaren Vollzugsformen des menschlichen Lebens, die in der Synapsenbildung ihre neuronale Voraussetzung und ihr Analogon haben: „Die durch die Synapsenbildung erst ermöglichte Funktionsfähigkeit des Gehirns ist biologisches Korrelat zum personalen Leben des menschlichen Individuums." (ebd., 181) Deshalb ist für Sass der Beginn der Synapsenbildung zugleich der Zeitpunkt, mit dem eine absolute moralische Schutzwürdigkeit menschlichen Lebens gegeben ist.

Die vermeintliche Attraktivität dieses neurobiologisch inspirierten Beitrags zum Lebensschutz der Ungeborenen liegt in seinem szientistischen Charakter: In der Manier eines naturwissenschaftlich konditionierten Exaktheits- und Objektivitätsideals wird empirisch ermittelt, welchem Fötus ein Lebensrecht zusteht und welchem nicht. Das impliziert sogar den kompromittierenden Einfall, quasi durch ein Experiment nachprüfen zu wollen, wann die biologische Funktionsfähigkeit des kleinen Gehirns, damit die Möglichkeit u.a. der Schmerzempfindung und somit ein Anspruch auf moralische Berücksichtigung gegeben ist: „Dieser Zeitpunkt kann durch eine Ultraschalluntersuchung in der frühen Schwangerschaft hinreichend genau festgestellt werden." (ebd., 181) Ein Wesen, das zum gegenwärtigen Zeitpunkt infolge der Ergebnisse einer apparativen Testung einen vollkommenen und uneingeschränkten Lebensschutz genießt, soll dieser höchsten ethischen Wertschätzung vielleicht nur zwei Tage zuvor noch keineswegs würdig gewesen sein. Das von Sass in Anlehnung an die Hirntoddefinition entwickelte Hirnleben-Argument beruht letztlich auf einem falschen Analogieschluss: Der Sterbende, dessen Hirntod konstatiert wird, hat unwiderruflich all das verloren oder wird es doch in voraussehbarer Zeit in Gänze einbüßen, was der Embryo bzw. Fötus, der noch nicht das Hirnlebenkriterium von Sass erfüllt, auf seiner jungen Lebensbahn in naher Zukunft erst noch empfangen wird. Das Leben vor dem Hirnleben ist ja keineswegs sterbend, sondern wächst gerade umgekehrt in die Fülle der Lebensvollzüge hinein. Diesen entscheidenden Umstand, bei Sass der blinde Fleck in seiner Beweisführung, reflektiert das sogenannte Potentialitätsargument.

Bisher haben wir die Frage nach der ethischen Schutzwürdigkeit des ungeborenen menschlichen Lebens stillschweigend nach Maßgabe der Logik einer binären Codierung erörtert: Entweder gilt die Schutzwürdigkeit des Embryos bzw. Fötus zu einem bestimmten Zeitpunkt vollumfänglich oder sie gilt überhaupt nicht, ein Drittes scheint ausgeschlossen. Aber kann man mit dieser starren zweiwertigen Logik der Komplexität der ethischen Probleme am Lebensanfang wirklich gerecht werden? Könnte hier nicht der Gedanke einer graduierten Schutzwürdigkeit zu besseren Ergebnissen führen? Diesen Lösungsansatz favorisiert der Philosoph Marcus Düwell mit dem von ihm vertretenen Potentialitätsargument. Der Anknüpfungspunkt für seine Reflexion ist zunächst die Menschenwürde. Düwell rechtfertigt die darin begründete Sonderstellung des Menschen durch den Verweis auf bestimmte personale Eigenschaften: Der Mensch verfüge als Person über „Vernunft und Handlungsfähigkeit“, er sei „zu moralischer Rücksicht in der Lage“ und könne „zwischen Alternativen wählen“ (Düwell 2001, 84) Was aber bedeutet das nun für den Embryonenschutz, für jene Phasen menschlicher Existenz, in denen diese personalen Eigenschaften noch nicht entfaltet sind? Düwell möchte von der falschen Alternative wegkommen, „den Embryo entweder unmittelbar als Träger der Menschenwürde zu betrachten oder ihn gar nicht als moralisch schützenswert anzusehen.“ (ebd., 84f.) Ein Entweder-oder führt die Moralbegründung an diesem entscheidenden Punkt in eine Sackgasse. Da aber dem Embryo das Potential innewohnt, sich kontinuierlich zu einer moralischen Person zu entwickeln, genießt er *„als potentielle Person“* eine Teilhabe am Würdeschutz, „wenngleich er nicht den gleichen moralischen Status aufweist wie ein aktueller oder dispositioneller Träger der Menschenwürde.“ (ebd., 85f.)

Aus dieser Graduierung des Würdeschutzes ergeben sich zwei klare ethische Postulate. Prima facie gilt die Pflicht, die Unversehrtheit des ungeborenen menschlichen Lebens von der Zeugung an zu achten und den Embryo vor jedweder Form von Selektion und Verdinglichung zum Beispiel für Forschungszwecke strikt zu bewahren. Von dieser Pflicht, so das zweite Postulat, kann „nur die *unmittelbare Kollision mit den Rechten der Schwangeren*" entbinden „und zwar deshalb, weil sich der Embryo im Körper der Schwangeren befindet." (ebd., 86) Mit diesen beiden Forderungen stoßen wir erstmals in unserer Abhandlung zum Kern des Konflikts zwischen Pro Life und Pro Choice vor, den Düwell nicht nur präzise ausformuliert hat, sondern mit Hilfe seines Argumentationsgangs von einem graduierten Würdeschutz vielleicht auch schon einer möglichen Lösung nahegeführt hat. Für ihn ist die Sache klar: Weil der Embryo im Körper der Schwangeren lebt, kann unter bestimmten Voraussetzungen eine Kollision seines Lebensrechtes mit dem Selbstbestimmungsrecht der Mutter einen Schwangerschaftsabbruch moralisch rechtfertigen – und dies obwohl doch beide am Würdeschutz partizipieren, allerdings in abgestufter Form die Mutter als aktuale Person und der Embryo als potentielle Person, so dass in letzter Instanz der Schwangeren ein höherer moralischer Status zukommt.

Düwells Interpretation des Potentialitätsarguments beeindruckt durch eine hohe Sensibilität für den innersten, bisweilen tragisch anmutenden großen Konflikt der Ethik am Lebensanfang zwischen der Würde des ungeborenen menschlichen Lebens und der Würde der Frau. Dennoch hat seine Verwendung des Würdebegriffs einen Haken. Zu Recht erkennt Düwell in der Menschenwürde den ethisch adäquaten Ansatzpunkt für eine Erörterung der moralischen Schutzwürdigkeit der Embryonen. Dann aber beginnt er die Menschenwürde an konkret nachweisbare Ausprägungen bestimmter Eigenschaften rückzubinden. Nur wer aktuell wirklich (wie die Schwangere) über die Fähigkeit verfügt, moralisch handeln zu können, und zum Beispiel zwischen Alternativen zu wählen vermag, ist bei Düwell im Besitz der *ganzen* Würde. Und wahrhaftig ist die Moralfähigkeit des Menschen der Schlüssel zum *theoretischen*

Verständnis für die Begründung der Menschenwürde. Daraus folgt aber gerade nicht, dass nur derjenige Mensch die volle Menschenwürde hat, der tatsächlich aktuell entscheidungs- und handlungsfähig ist und sich dabei auch wirklich von ethischen Gesichtspunkten leiten lässt. Menschsein bedeutet vor dem Hintergrund des Menschenwürdegedankens, zu denjenigen Wesen zu gehören, die *der Idee nach* moralisch handeln können, gleichviel ob sie dazu aus physischen oder psychischen Gründen faktisch in der Lage sind oder nicht. Insofern ist die Menschenwürde eine an keine Bedingung geknüpfte gleichsam eigenschaftlose Eigenschaft. Jeder Versuch sie doch wieder an irgendeine Beschaffenheit, an irgendein reales Können anzuketten, zerstört umgehend ihren Sinn, indem dadurch die Menschenwürde zu etwas Exklusivem gemacht wird, das mit Blick auf die Entwicklung und Ausprägung konkreter Eigenschaften oder Fähigkeiten zugeteilt oder aberkannt werden kann. An der Unteilbarkeit der Menschenwürde scheitert in einem strengen theoretischen Sinne Düwells Unterscheidung zwischen potentiellen und aktuellen Trägern der Menschenwürde. Gleichwohl behält sein praktischer Problemaufriss eine höchste und richtungweisende Relevanz für den Fortgang dieser Abhandlung, wie sich im nachfolgenden Kapitel über die Schutzwürdigkeit der Frauen zeigen wird. Denn dass sich der Embryo und später der Fötus im Körper einer Frau befindet, hat sehr weitreichende moralische Implikationen. Davon kann eine Ethik des Lebensschutzes unmöglich abstrahieren.

Rückblickend können wir aber zunächst festhalten: Sämtliche oben diskutierten Vorschläge, mit Hilfe eines konkreten Kriteriums einen Zeitpunkt für den Beginn der Schutzwürdigkeit des ungeborenen Lebens bzw. des Babys zu fixieren, konnten einer kritischen Prüfung nicht standhalten. Das gilt nicht zuletzt für das Potentialitätsargument, über das Robert Spaemann urteilt: „Es gibt keine potentiellen Personen. Personen besitzen Fähigkeiten, Potenzen. Personen können sich entwickeln. Aber es kann sich nicht etwas zur Person entwickeln. Aus etwas wird nicht jemand." (Spaemann 1996, 261) Dieser Einwand eines schlechterdings unerklärbaren Sprungs von einer Sache zu einer Person betrifft aber nicht nur das Potentialitätsargument, sondern berührt alle Betrachtungsweisen, die das volle Personsein des Menschen auf den Eintritt eines Ereignisses nach der Zeugung des individuellen Menschen terminieren wollen wie zum Beispiel die Synapsenbildung oder die Überlebensfähigkeit des Fötus außerhalb des Mutterleibs oder gar die rationale Entscheidungsfähigkeit eines Menschen. Man muss die metaphysische Ontologie, auf die Spaemanns Kritik implizit rekurriert und die für die Stichhaltigkeit seines Gedankens essentiell bleibt, nicht teilen. Dennoch bleibt es schon rein pragmatisch betrachtet richtig, auch im Stande der Ungewissheit maximal nach der Seite des Lebensschutzes hinüberzulehnen und mit der Empfängnis den frühestmöglichen Moment für die Existenz eines solchen individuellen Personseins anzunehmen und damit für die uneingeschränkte moralische Schutzwürdigkeit dieses menschlichen Lebens schon im ersten Stadium seines vorgeburtlichen Daseins zu plädieren.

Deshalb ist es abzulehnen, die verschiedenen Phasen menschlichen Lebens vor und nach der Geburt hinsichtlich ihrer moralischen Wertigkeit willkürlich zu sequenzieren. Dies hätte einen despotischen Charakter und liefe auf das Gegenteil einer Ethik der Inklusion hinaus. Papst Johannes Paul II. fragte: „Wie kann man noch von der Würde jeder menschlichen Person reden, wenn die Tötung des schwächsten und unschuldigsten Menschen zugelassen wird? Im Namen welcher Gerechtigkeit begeht man unter den Menschen die ungerechteste aller Diskriminierungen, indem man einige von ihnen für würdig erklärt, verteidigt zu werden, während anderen diese Würde abgesprochen wird? (...). Das Recht auf Abtreibung, Kindestötung und

Euthanasie zu fordern und es gesetzlich anzuerkennen heißt, der menschlichen Freiheit eine *perverse, abscheuliche Bedeutung* zuzuschreiben: nämlich die einer *absoluten Macht über die anderen und gegen die anderen.*“ (Johannes Paul II. 1995, 28)

Auch die Rede von einem „Zellhaufen“ ist schon zu einer Selbstverständlichkeit geworden, so inadäquat sie aus naturwissenschaftlicher wie ethischer Perspektive gleichermaßen erscheint. Es ist eine Ausdrucksweise, die das Gefühl der Achtung für das noch ganz junge menschliche Leben im Mutterleib abstumpft. In ihrem Ratgeber „Schwangerschaft und Geburt“ schreibt zum Beispiel die Autorin und Hörfunkjournalistin Katharina Mahrenholtz über die vorgeburtliche Entwicklung des Kindes: „Zuerst ist es nur ein Zellhaufen, nach sechs Wochen hat er etwa die Form einer Kaulquappe, aber am Ende des Trimesters sieht der Fetus schon fast wie ein Mensch aus: Kopf, Bauch, Arme, Beine, Hände, Finger (mit Fingernägeln) – alles da!“ (Mahrenholtz/Parisi 2007, 27) Damit gibt dieser Ratgeber das unlösbare Rätsel auf, wie aus einem Haufen Zellen als einem ungeordneten Übereinander austauschbarer Einzelelemente der Organismus eines Menschen entstehen kann. Der Ausdruck „Zellhaufen“ hat die Wirkung einer rhetorischen Sprachmanipulation; er schiebt wissenschaftliche Erkenntnisse der Embryologie ignorant beiseite und untergräbt die „Ethik der Ehrfurcht vor dem Leben“ (Schweitzer o.J., 375), indem er die moralische Sensibilität für die Anfänge menschlicher Existenz zerstört.

Man kann die Menschenwürde nicht sehen, sondern man muss sie denken. Darin liegt die geistige Herausforderung für eine Zeit, die dazu neigt, nur das gelten zu lassen, was empirisch testiert werden kann. Für die Sinne wahrnehmbar wird die Menschenwürde erst dann, wenn sie missachtet wurde. Es ist der Anblick leidender, gequälter, verstoßener Menschen, der ex negativo mit unmittelbarer Evidenz und unentrinnbarer

Konsequenz nachgerade die Notwendigkeit der Menschenwürde beweist. Zu diesen Menschen gehörte auch das sogenannte Oldenburger Baby, das seine eigene Spätabtreibung im Zusammenhang mit einer Diagnose Trisomie 21 überlebt hat: Erst als junger Mann verstarb Tim nach einem guten, oft fröhlichen Leben nicht zuletzt an den Umständen seiner Geburt (Schulte 2019). Wir können zwar die verschiedenen körperlichen Entwicklungsstadien des ungeborenen Lebens während der Schwangerschaft durch Ultraschall-Untersuchungen beobachten und uns dabei einbilden, alles unter Kontrolle zu haben. Doch die Menschenwürde vermögen wir mit diesen bildgebenden Verfahren und auch mit jedem anderen beobachtenden Experiment niemals nachzuweisen. Und trotzdem partizipieren der Embryo und der Fötus vollumfänglich an der Menschenwürde wie jedes andere Wesen, das von Menschen abstammt.

Dieses deontologisch apodiktische Verständnis von Menschenwürde hat sich auch das Bundesverfassungsgericht insbesondere in seiner zweiten Entscheidung zur Schwangerschaftsunterbrechung aus dem Jahr 1993 unter Rekurs auf Art. 1 Abs. 1 GG zu eigen gemacht: „Menschenwürde kommt schon dem ungeborenen menschlichen Leben zu, (…). Jedenfalls in der (…) Zeit der Schwangerschaft handelt es sich bei dem Ungeborenen um individuelles, in seiner genetischen Identität und damit in seiner Einmaligkeit und Unverwechselbarkeit bereits festgelegtes, nicht mehr teilbares Leben, das im Prozess des Wachsens und Sich-Entfaltens sich nicht erst zum Menschen, sondern als Mensch entwickelt. (…). Wie immer die verschiedenen Phasen des vorgeburtlichen Lebensprozesses unter biologischen, philosophischen, auch theologischen Gesichtspunkten gedeutet werden mögen (…), es handelt sich jedenfalls um unabdingbare Stufen der Entwicklung eines individuellen Menschseins. Wo menschliches Leben existiert, kommt ihm Menschenwürde zu." (Bundesverfassungsgericht 1993, 251f.) Wenn aber der Embryo und später der Fötus im juristischen Sinne schon ein „würdebegabter Mensch mit eigenem Lebensrecht" (Hillgruber 2012, 59) ist, dann hat dies aus höchstrichterlicher Sicht für die Bewertung des Schwangerschaftskonflikts eine unabwendbare Konsequenz: „Ein Ausgleich, der sowohl den Lebensschutz des nasciturus (das gezeugte, aber noch nicht geborene Kind - C.T.) gewährleistet als auch der schwangeren Frau ein Recht zum Schwangerschaftsabbruch einräumt, ist nicht möglich, weil Schwangerschaftsabbruch immer Tötung menschlichen Lebens ist." (Bundesverfassungsgericht 1993, 255f.)

Damit ist ein argumentatives Optimum Pro Life erreicht. Aber wo bleibt in diesem Tableau die Würde der Frauen?

Drittes Kapitel: Die Schutzwürdigkeit der Frauen: ein Plädoyer Pro Choice

„Das Weib ist bitter wie Galle, doch sind zwei Gelegenheiten, wo es angenehm ist: im Bett und auf der Bahre." (Mérimée 1991, 3) So steht es als Motto über der Novelle „Carmen" des französischen Schriftstellers Prosper Mérimée. Erzählt wird das Schicksal Carmens aus der Perspektive ihres Mörders, des Brigadiers José, der mit Carmen eine Beziehung hatte, dann aber ihre Zuneigung verliert. Dies ist der Grund, warum Carmen sterben muss. Carmen erkennt: „Ich liebe dich nicht mehr, du aber liebst mich noch und deswegen willst du mich töten." (Mérimée 1991, 68) Der ganze Text liest sich wie eine Durchführung des misogynen Eingangsmottos. Die Ermordung Carmens ist ein Femizid: Diese Frau, deren Körper José nicht mehr besitzen kann, darf nicht mehr leben. Carmen wird von José erstochen. Mérimées Novelle behandelt keineswegs einen musealen Stoff aus dem tiefen 19. Jahrhundert, geschildert wird vielmehr die Vorgeschichte und der Vollzug eines Verbrechens, das heute weiterhin zum gesellschaftlichen Alltag gehört. Das betrifft unmittelbar die Ethik des Lebensschutzes, so selten von diesen Dingen auch etwas in konventionellen Verlautbarungen und Aktivitäten aus dem Umfeld von Pro Life zu vernehmen ist. Der von Mérimée für seine Novelle erwählte Leitsatz könnte nicht brutaler und frauenfeindlicher sein: Hier geht es schon gar nicht mehr um eine Unterprivilegierung von Frauen, sondern um eine maximale, extrem gewalttätige Form der Frauenverachtung und Frauenvernichtung. Radikal wird die ganze

Daseinsberechtigung und der Lebenssinn von Frauen auf ihre *eine* Funktion als Sexualobjekt reduziert, darüber hinaus gibt es nur den Tod, nur ihre Auslöschung als die ihnen gemäße Bestimmung. Immerhin hat der Komponist Georges Bizet mit seiner Oper „Carmen“ eine musikalische Überschreibung des Novellenstoffes von Mérimée geschaffen, die als eine klare Verschiebung der Wertperspektive zugunsten der Titelheldin und ihres Verlangens nach Freiheit und Selbstbestimmung gedeutet werden kann. Indes hat dies kulturgeschichtlich der epidemischen Ausbreitung jener extremen Form von Misogynie, für die Mérimées Motto paradigmatisch steht, keinerlei Abbruch getan.

Besonders aufschlussreich lässt sich die systematische Diffamierung der Frauen am Beispiel der Schmähschrift „Ueber die Weiber“ des Philosophen Arthur Schopenhauer studieren. Hier wird ein Frauenbild dargeboten, wie es für viele Generationen von Männern (und mancher Frauen!) prägend war. Schopenhauer erklärt mit dem Anschein philosophischer Beredsamkeit: „Schon der Anblick der weiblichen Gestalt lehrt, dass das Weib weder zu großen geistigen, noch körperlichen Arbeiten bestimmt ist.“ (Schopenhauer 1977, 688) Frauen sind für Schopenhauer auf Natur, auf Schwangerschaft und Gebären sowie auf die Aufzucht des Nachwuchses festgelegt, denn „das Weib (…) trägt die Schuld des Lebens nicht durch Thun, sondern durch Leiden ab, durch die Wehen der Geburt, die Sorgfalt für das Kind, die Unterwürfigkeit unter den Mann, dem es eine geduldige und aufheiternde Gefährtin seyn soll.“ (ebd., 668) Die Berufung der Frauen zur Pflege der Kinder und zum Gehorsam gegenüber den Männern ergibt sich für Schopenhauer aus der konstitutionellen, psychisch-physischen Unreife der Frauen, die „selbst kindisch, läppisch und kurzsichtig, mit Einem Worte, Zeit Lebens große Kinder sind: eine Art Mittelstufe, zwischen dem Kinde und dem Manne, als welcher der eigentliche Mensch ist." (ebd., 668) Das ganze Wesen der Frauen, all ihr Tun und Lassen, ist funktional auf ihren vermeintlichen Naturzweck hingeordnet. In der Schönheit junger Mädchen gewahrt Schopenhauer lediglich einen Trick der Natur, er spricht von einem „Knalleffekt" (ebd., 668), der dazu diene, die Männer durch Einwilligung in einen Ehevertrag zeitlebens an die Frauen zu binden und so deren materielle Versorgung sicherzustellen. Frauenschönheit kommt in dieser Konzeption nicht vor, weil sie keinen biologischen Zweck mehr erfüllen könnte. Schopenhauer wird nicht müde, immer wieder die geistige Inferiorität der Frauen hervorzukehren: „Daher bleiben die Weiber ihr Leben lang Kinder, sehn immer nur das Nächste, kleben an der Gegenwart, nehmen den Schein der Dinge für die Sache und ziehn Kleinigkeiten den wichtigsten Angelegenheiten vor." (ebd., 669) Eine Frau, die beabsichtigt unabhängig von solchen biologistischen Zuschreibungen zu leben, gibt für Schopenhauer das Schreckbild einer „Dame" ab – „dies Monstrum europäischer Zivilisation und christlich-germanischer Dummheit, mit ihren lächerlichen Ansprüchen auf Respekt und Verehrung (...). Die eigentliche Europäische Dame ist ein Wesen, welches gar nicht existieren sollte; sondern Hausfrauen sollte es geben und Mädchen, die es zu werden hoffen, und daher nicht zur Arroganz, sondern zur Häuslichkeit und Unterwürfigkeit erzogen werden." (ebd., 679 und 676) Das „Weib", „diese(r) Nr. 2 des menschlichen Geschlechts", bleibt für Schopenhauer ein von Natur aus schlechthin „subordiniertes Wesen." (ebd., 676 und 679)

Man möchte wohl meinen, der Ungeist dieser Schmähschrift sei heute allenfalls noch von historischem Interesse und man sollte aus der Distanz von inzwischen über 160 Jahren Schopenhauers Invektiven über die Frauen vielleicht nicht mehr gar so ernst nehmen und besser unter humoristischen Gesichtspunkten rezipieren. Tatsächlich findet Schopenhauers Text über die Frauen jedoch weiterhin ihre aufrichtig interessierten Leser, auch wenn nur wenige unter ihnen ihre Zustimmung so offen artikulieren wie Ulrich Kutschera. In einem Interview aus dem Jahr 2016 attestiert der seinerzeitige Biologieprofessor an der Universität Kassel mit den Lehrgebieten Pflanzenphysiologie und Evolutionstheorie dem misogynen Philosophen: „Arthur Schopenhauer (...), dessen Werke ich vollständig gelesen und studiert habe (...), hat meiner Meinung nach (...) alles Wesentliche gesagt, was man über Frauen und Männer argumentativ vorbringen kann, ohne biowissenschaftliches Wissen. Er hat als Philosoph sehr viele, tiefgreifende Erkenntnisse vermittelt.“ (Kutschera 2016, 12)

Was Kutschera offenkundig nicht sieht, ist, wie die Deutungsmuster zum Geschlechterverhältnis, die Schopenhauer bereitstellt, bis auf den heutigen Tag zur Entrechtung und Erniedrigung von Frauen beitragen. Dies lässt sich zum Beispiel sehr deutlich an den Vergewaltigungsmythen aufzeigen, deren Akzeptanz mit frauenverachtenden Einstellungen korreliert. Der Sozialpsychologe Gerd Bohner definiert „Vergewaltigungsmythen“ als „deskriptive oder präskriptive Überzeugungen über Vergewaltigung (d.h. über Ursachen, Kontext, Folgen, Täter, Opfer und deren Interaktion), die dazu dienen, sexuelle Gewalt von Männern gegen Frauen zu leugnen, zu verharmlosen oder zu rechtfertigen." (Bohner 1996, 12) Schopenhauer attestiert den Frauen eine „instinktartige Verschlagenheit“ sowie einen „unvertilgbare(n) Hang zum Lügen.“ (Schopenhauer 1977, 671) Diese Überzeugung über den Charakter *der* Frau verleitet ihn zu der Schlussfolgerung: „Des gerichtlichen Meineides machen Weiber sich viel öfter schuldig, als Männer. Es ließe sich überhaupt in Frage stellen, ob sie zum Eide zuzulassen sind.“ (ebd., 671) Damit hat Schopenhauer ein Stereotyp aufgebaut, welches direkt den Vergewaltigungsmythos stützt, dass Männer häufig Opfer einer bewussten Falschanschuldigung würden: Immer wieder steht bei der gerichtlichen Aufarbeitung von Sexualverbrechen gegen Frauen die Glaubwürdigkeit des Opfers im Mittelpunkt. Ähnlich ist es um Schopenhauers oben schon zitierte Interpretation weiblicher Schönheit bestellt, die er als bloßes Mittel („Knalleffekt“) der Frauen deutet, um Männer an sich zu binden. Von hier aus führt eine direkte gedankliche Linie zu der Überzeugung, Frauen seien an ihrer Vergewaltigung selbst schuld, indem sie diese durch ein angeblich aufreizendes Erscheinungsbild provoziert hätten. Schopenhauer leistet hier den unter Männern verbreiteten Irrtum Vorschub, Frauen würden sich „schön machen“, um ihnen, den Männern, zu gefallen. Damit wird ein Geschlechterverhältnis konstruiert, welches geeignet ist, die gesamte ästhetisch-erotische Kultur einer Gesellschaft zu zerstören. Denn warum „macht“ eine Frau, ein Mann, ein Mensch „sich schön“? Weil es Ausdruck ihres oder seines Selbstwertgefühls ist, weil es ihr oder ihm für sich selbst gefällt – und nicht, um irgendwelchen biologischen Mechanismen nachzugeben oder um die Attraktivitätsideale von Mode und Kulturindustrie zu bewirtschaften.

Auch in medizinischen Publikationen sogar noch aus dem 20. Jahrhundert werden die bei Schopenhauer so prominent und öffentlichkeitswirksam ausgebreiteten sexistischen Klischees über Frauen fortgeschrieben. So statuieren zum Beispiel die beiden Gynäkologen Rudolf von Jaschke und Otto Pankow eine wesensmäßige Determination der Frauen durch die Sexualität, während die Männer von einer solchen monistischen Festlegung auf das Sexuelle frei seien. In der fünften Auflage ihres Lehrbuchs der Gynäkologie aus dem Jahre 1933 schreiben sie: „Die Menstruierende ist ‚unwohl‘, d.h. jedes geschlechtsreife gesunde Weib gerät alle 4 Wochen in einen Zustand, der eine Abweichung von ihren normalen körperlichen und geistigen Funktionen erkennen lässt, es sei denn, dass sie im Zustand der Schwangerschaft oder des Säugens des Kindes sich befindet. Da der erstere Zustand wiederum besondere körperliche Veränderungen und auch geistige Abtönungen schafft, so liegt die *geistige und körperliche Abhängigkeit des Weibes von der sexuellen Sphäre* klar zutage, und wir verzeichnen damit einen durchgreifenden Unterschied gegenüber dem männlichen Geschlecht." (von Jaschke/Pankow 1933, 74f.) Die Differenz der Geschlechter besteht für von Jaschke und Pankow also nicht in je verschiedenen Ausformungen der Sexualität, sondern weitaus radikaler darin, dass überhaupt nur bei Frauen eine solche fundamentale, wesensprägende sexuelle Bedingtheit ihrer Psyche und ihrer Physis konstatiert werden kann.

Wir haben an den Beispielen von Mérimée, Schopenhauer sowie von Jaschke und Pankow verschiedene paradigmatische Modelle der Herabwürdigung von Frauen durch Literatur, Philosophie und Medizin kennengelernt. Stellungnahmen dieser Art sind in der Geschichte der Geistes- wie der Naturwissenschaften Legion. Wir hätten ebenso gut Max Planck, Auguste Comte, Georg Wilhelm Friedrich Hegel, Friedrich Nietzsche und unzählige andere Autoren zur Veranschaulichung heranziehen können. Ihnen allen gemein ist die sexistische Diskriminierung von Frauen durch die Deduktion ihres ganzen Daseins, Denkens und Handelns aus einer absolut gesetzten geschlechtlichen Natur der Frauen. Welche Folgerungen ergeben sich aus den Beobachtungen zur Misogynie für das Anliegen dieses Buches, den Lebensschutz neu zu denken? Zunächst einmal gilt es, den konventionellen Umfang der Ethik des Lebensschutzes deutlich zu erweitern. Alles, was wir soeben an Zuschreibungen über die Bestimmung und das Wesen der Frauen protokolliert haben, angefangen vom „subordinierten Wesen" bis hin zum Sexualobjekt, dem im Falle seines Ungehorsams der Tod gebührt, steht im schärfsten Kontrast zu einer Ethik der Menschenwürde. Hat man jemals respektloser über den Menschen sprechen hören? „Wieso über den Menschen? Es geht doch nur um Frauen!“ – würde wohl die Phalanx der Frauenverächter entgegnen. So muss also das Allerselbstverständlichste nochmals explizit herausgestellt werden: Die Ethik des Lebensschutzes umfasst immer zugleich auch den Würdeschutz und das Lebensrecht der Frauen, sie erschöpft sich nicht in der Frage nach dem moralischen Status von Embryonen und Föten und ist nicht auf den Motivkreis von Schwangerschaft und Geburt beschränkt. Insbesondere die vielen Gewaltverbrechen gegen Frauen, wie sie in den grausamen, beschämenderweise schon zur Gewohnheit gewordenen Femiziden kulminieren, sind mit Blick auf die Achtung der Menschenwürde der Frauen ein elementares und vordringliches Thema des Lebensschutzes.

Man könnte einwenden: Die despektierlichen Frauenbilder eines Mérimée oder Schopenhauer sind doch als Männerphantasien des tiefen 19. Jahrhunderts seit langem entlarvt. Was geht uns das heute noch an? Wird hier nicht im Nachhinein ein Kampf gekämpft, der von den Frauen längst siegreich für sich entschieden wurde? Würde es in unseren Tagen noch jemand wagen wollen, in einem ethisch-wissenschaftlichen Kontext affirmativ an Schopenhauers Frauenbild anzuknüpfen? – Soeben erst haben wir mit Ulrich Kutschera schon einen zeitgenössischen Wissenschaftler zitiert, der eine große Begeisterung für Schopenhauers Anmerkungen über die Frauen aufbringt. Aber in einem noch weitaus dramatischeren Sinne ragt das Vergangene in die Gegenwart hinein, wie sich bereits an der Nähe der misogynen Schmähungen Schopenhauers zu den aktuellen Vergewaltigungsmythen aufzeigen ließ. Es ist die Aufgabe der historischen Betrachtungsweise, „dass sie die im Gegenwärtigen – in Gebärden, Haltungen, Gesetzen, Institutionen, Sitten, Worten usw. – stillschweigend und selbstverständlich präsente Vergangenheit wahrnehmen lehrt, dass sie also auf die historische Dimension des Jetzt aufmerksam macht.“

(Fischer-Homberger 1988, 7) Aus dieser geschichtlichen Perspektive wird sofort klar erkennbar, wie in der teils bis auf den heutigen Tag fortdauernden systematischen Entrechtung von Frauen jene kulturell tief verwurzelte Misogynie durchschlägt, die wir stellvertretend bei Mérimée oder Schopenhauer analysiert haben: ‚*Natürlich*' dürfen Frauen nicht wählen, denn „sie sind keines *rein objektiven Antheils* an irgendetwas fähig." (Schopenhauer 1977, 673) ‚*Natürlich*' darf „das Weib" sich nicht politisch betätigen, denn „sein Leben soll stiller, unbedeutsamer und gelinder dahinfließen, als das des Mannes." (ebd., 668) ‚*Natürlich*' hat „das Weib, in Folge seiner schwächeren Vernunft" (ebd., 669) nichts auf der Universität verloren, denn: „Amazonen sind auch auf geistigem Gebiet naturwidrig." (Planck 1897, 256) ‚*Natürlich*' wird „eine Schwangere, welche ihre Frucht vorsätzlich abtreibt oder im Mutterleibe tödtet, (…) mit Zuchthaus bis zu fünf Jahren bestraft" (Strafgesetzbuch 1876, 59), denn die Bestimmung „des Weibes" ist es doch, wie wir bei Schopenhauer gelesen haben, „die Schuld des Lebens nicht durch Thun, sondern durch Leiden (…), durch die Wehen der Geburt (…)" (Schopenhauer 1977, 668) abzutragen.

In einem zähen, Jahrzehnte währenden und mit immer neuen Rückschlägen konfrontierten Kampf ist es den Frauen und ihren wenigen Verbündeten gelungen, einen erheblichen Teil dieser ideologischen und rechtlichen Ummauerungen ihres Lebens abzutragen. Das aktive und passive Wahlrecht für Frauen wurde in Deutschland erst 1918 gewährt, der Zugang zum Studium Anfang des 20. Jahrhunderts erstritten. Manch andere gravierende Entrechtung wie zum Beispiel die gesetzliche Vorgabe des Leitbilds der Hausfrauenehe ist bis tief in die Zeit der Bundesrepublik hinein konserviert worden. Erst seit 1997 ist die Vergewaltigung in der Ehe strafbewährt. Drängt sich nunmehr bei Betrachtung des Verlaufs dieser historischen Linie nicht geradezu zwingend die Wertung auf, in der deutschen Abtreibungsgesetzgebung, namentlich in der Verweigerung eines Rechts auf Abtreibung, den Versuch zu erkennen, weiterhin eine Kontrolle über die Sexualität der Frauen – und damit überhaupt eine staatlich-patriarchale Dominanz über Frauen – aufrechtzuerhalten? Das führt uns zu dem entscheidenden Punkt, in den rechtlichen Regelungen zur Schwangerschaftsunterbrechung quasi eines der letzten Bollwerke der überkommenen, Frauen strukturell diskriminierenden Geschlechterordnung zu erkennen. Genau hier ist das Memento von Pro Choice als Engagement für die reproduktiven Rechte der Frauen.

Die Publizistin Alice Schwarzer beschreibt den geschichtlichen Kontext und die Zielsetzung der Frauen bei dieser in Deutschland noch keineswegs befriedeten gesellschaftlichen Auseinandersetzung: „Die griffige Parole ‚Mein Bauch gehört mir' war eine provokante, doch relativ gesehen moderate Reaktion auf die Anschuldigung, abtreibende Frauen seien ‚Mörderinnen'. Die Frauenbewegung war nie *für* Abtreibung – im Gegenteil: sie hat dank Aufklärung und Selbstbestimmung sehr viel *dagegen* getan. Die Frauenbewegung war immer nur für das *Recht* auf Abtreibung, also pro Frauen in Not. Es ging und geht uns bei der Abtreibungsdebatte ausschließlich darum, dass ungewollt schwangere Frauen nicht länger entmündigt werden und ihnen medizinische Hilfe gewährt wird. Schwanger warum auch immer: weil die Verhütung versagt hat, weil beide unachtsam waren oder weil die Frau zum Verkehr gezwungen wurde. Denn Frauen, die nicht Mütter werden wollen, treiben ab; egal, was sie glauben oder nicht; egal unter welchen Umständen, selbst bei drohender Todesstrafe (wie im Dritten Reich). Sie sind es ja schließlich auch, die nicht nur neun Monate schwanger, sondern danach auch mindestens zwanzig Jahre verantwortlich sind für das Kind, nicht selten allein oder fast allein, quasi immer an erster Stelle." (Schwarzer 2007, 68) Pro

Choice streitet für den Lebensschutz der Frauen. Dieser wird zuerst durch das Selbstbestimmungsrecht der Frauen gewährleistet und das wiederum lässt sich im Konfliktfall nicht ohne ein Recht auf Abtreibung garantieren. Der Ansatzpunkt für Schwarzer ist die Kritik an der Entrechtung von Frauen durch die bestehenden Gesetze, nicht aber ein Plädoyer für Abtreibungen, wie sie ausdrücklich betont. Hier haben wir die gleichsam spiegelverkehrte Konstellation zu den Bemühungen um eine ethische Begründung des Lebensschutzes für den Embryo oder Fötus. Auch die sehr stark auf Pro Life fokussierenden Lebensschützer weisen den Vorwurf von sich, sie plädierten für die Beschneidung von Frauenrechten, sondern sie setzten sich lediglich dafür ein, dass die ungeborenen Menschen leben dürfen. Es ist eine ethische Pattsituation. Beide Parteien engagieren sich jeweils so emphatisch und mit guten Gründen für ihr jeweils objektiv hohes ethisches Anliegen, dass ihr Räsonnement schließlich blind zu werden droht für den Wertaspekt der entgegengesetzten Position. Dieser wird einfach vergessen oder unterschlagen. Das ist die Bürde der ganzen Abtreibungskontroverse.

Die traditionellen Lebensschützer, zutiefst beunruhigt von der Vorstellung, wie der Mutterleib zum unsichersten Ort der Welt geworden ist, denken nicht mehr daran, dass auch die schwangeren Frauen ihrerseits uneingeschränkt am Würdeschutz partizipieren. Sie sehen nicht, wie die Ausklammerung dieses Gesichtspunktes ihr Engagement für den Lebensschutz bruchlos in die lange und leidvolle Historie der strukturellen Diskriminierung von Frauen einreiht. Die Embryonen und Föten liegen nun mal nicht einfach in einer Schublade! Derselbe argumentative Notstand, nur unter umgekehrten Vorzeichen, betrifft auch viele Mitstreiter von Pro Choice: Entschlossen der persistierenden Gewalt gegen Frauen, die mit der Kontrolle der Männer, des Staates und der Gesellschaft über die weibliche Sexualität einhergeht, ein Ende zu machen, abstrahieren sie davon, dass das ungeborene Leben daran schuldlos ist und keine Stimme hat, mit der es sein eigenes Bedürfnis, am Leben bleiben zu wollen, artikulieren könnte. Erinnert sei in diesem Dilemma an den Ausspruch des Philosophen Joseph M. Bochenski, den wir bei der Sichtung unterschiedlicher Grundpositionen der Ethik herangezogen hatten: „Nicht die Werte selbst, sondern unser Erkennen der Werte ist relativ." (Bochenski 1951, 155) Genau das ist die Folie des Widerstreits von Pro Life und Pro Choice. Dieser erfährt seine letzte Zuspitzung, wenn es in bestimmten Konfliktsituationen unmöglich erscheint, das Lebensrecht des ungeborenen Menschen und das Selbstbestimmungsrecht der schwangeren Frau über ihren Körper *gleichzeitig* zu realisieren. Aber zu erkennen, was für eine ethische Zerrissenheit sich darin manifestiert und nicht nur einfach die Legitimität des jeweils anderen Standpunkts beiseite zu schieben, ist schon ein großer Fortschritt.

Wir haben mit den beiden letzten Absätzen schon dem Kapitel über die Dichotomien des Lebensschutzes vorgegriffen. Noch wäre es aber verfrüht, mit diesen Vergleichen fortzufahren, denn das ethische Potential, das Pro Choice in die Kontroverse um den Lebensschutz einbringt, ist bisher noch keineswegs ausgeschöpft. Der Ruf „Pro Choice" ist nicht nur ein Derivat aus der Geschichte der Misogynie, sondern hat durch das 1984 auch auf Deutsch erschienene Buch „Die andere Stimme" der amerikanischen Psychologin und Ethikerin Carol Gilligan zugleich eine wegweisende moralphilosophische Fundierung erhalten. Gilligan kritisiert das von dem Entwicklungspsychologen Lawrence Kohlberg konzipierte Stufenmodell zur Genese der moralischen Urteilskraft: Kohlberg habe für seine Studie nur männliche Probanden herangezogen und insofern mit seinen Ergebnissen auch nur die Moralentwicklung von Männern abbilden können, die er aber zu einem allgemein menschlichen

Moralbewusstsein hypostasiere. Es fehle die Perspektive der Frauen, „die andere Stimme“, der Gilligan Gehör verschaffen möchte. Das Buch ist für eine Philosophie des Lebensschutzes höchst aussagekräftig, denn die Ethikerin gewinnt ihre Erkenntnisse insbesondere aus Gesprächen mit schwangeren Frauen, die während des ersten Trimesters eine Abtreibung erwägen. Gilligan rekonstruiert die Entscheidungswege der Frauen und gelangt dabei zu einer zunächst rein deskriptiven Sequenzierung verschiedener Entwicklungsstadien, die jeweils mit einem spezifischen Zuwachs an moralischer Reife einhergehen.

„Aus der einfachsten Perspektive gesehen“, analysiert Gilligan, „geht es bei der Abtreibungsentscheidung um die eigene Person. Das Problem ist pragmatisch, es geht um das Überleben. Die Frau will vor allem für sich selbst sorgen, weil sie das Gefühl hat, ganz allein zu sein. Aus dieser Perspektive unterscheidet sich *sollen* nicht von *wünschen*, und andere Personen beeinflussen die Entscheidung nur durch ihre Macht, auf die Konsequenzen einzuwirken. (…). Nach dieser Auffassung wird das Selbst, welches einziges Objekt der Anteilnahme ist, durch einen Mangel an Macht gehemmt, der aus dem Gefühl der Beziehungslosigkeit und damit de facto des Auf-sich-allein-Gestelltseins herrührt.“ (Gilligan 1984, 95f.) Auf dieser Stufe wird die Entscheidung ‚Ich will das Kind haben‘ oder ‚Ich will das Kind nicht haben‘ also noch in einem außermoralischen Sinne getroffen. Das Votum anderer Personen, zum Beispiel des Freundes und Kindsvaters, der Eltern, des Pastors oder des Arbeitgebers empfinden die Frauen nicht als unterstützenden Rat, sondern als Einschüchterung. Die Entscheidung – strenggenommen ist es noch gar keine freie echte ethische Entscheidung – für oder gegen das Kind ist somit oft nur eine vom Gefühl der eigenen Ohnmacht begleitete Unterordnung unter vorgefundene Machtverhältnisse. Die schwangeren

Frauen mögen sich fragen: Werde ich meinen Freund verlieren, wenn ich das Kind austrage? Werde ich die Wertschätzung der Gemeindemitglieder einbüßen, wenn ich mich für eine Schwangerschaftsunterbrechung entscheide? Wird der Vater des Kindes seiner Unterhaltspflicht nachkommen? Tut er dies nicht – wo und wie beantrage ich dann einen staatlichen Unterhaltsvorschuss? Werde ich in Teilzeit arbeiten können? Was zähle ich in der Gesellschaft überhaupt ohne einen Job? Wer hilft mir?

Die daraufhin folgende Entwicklungsstufe ist nach Gilligan durch die Identifikation der Frauen mit den gesellschaftlichen Rollenerwartungen an ihr Frausein charakterisiert. Alles, was zum Beispiel ein Arthur Schopenhauer in repräsentativer Weise an Vorurteilen über die natürliche Bestimmung „des Weibes" emittiert hat, wird auf dieser Stufe von den Frauen selbst mit einer positiven Wertung adaptiert: „Die Frau rechtfertigt an diesem Punkt ihren Anspruch auf Zugehörigkeit zur Gesellschaft durch die Anerkennung gesellschaftlicher Wertvorstellungen. Sich in Fragen von gut und böse im Konsens zu befinden, wird zum obersten Anliegen, wird zum beherrschenden Motiv, da sich die Erkenntnis einstellt, dass das eigene Überleben von der Akzeptanz durch andere abhängt. Die konventionelle Stimme der Frau erhebt sich hier mit großer Klarheit, definiert das Selbst und proklamiert seinen Wert auf der Basis seiner Fähigkeit, für andere zu sorgen und sie zu beschützen. Die Frau sieht die Welt jetzt durchtränkt von den Annahmen über weibliche Tugend, (…) Klischeevorstellungen, bei denen alle Attribute, die für Frauen als wünschenswert erachtet werden, ein Gegenüber voraussetzen – den Adressaten des ‚Takts, der Sanftheit und der Fähigkeit, Gefühle mühelos auszudrücken' (…)." (ebd., 101) In dieser psychischen Konstellation kann paradoxerweise gerade „die weibliche Identifizierung von Tugend mit Selbstaufopferung" (ebd., 102) zur

Camouflage für eine Abtreibungsentscheidung werden, indem etwa die Schwangerschaftsunterbrechung von den Frauen als ein Akt der moralischen Rücksichtnahme auf die Beziehung mit dem Vater des Kindes inszeniert wird. Es ist unverkennbar, dass auf dieser Stufe der Moralentwicklung die Entscheidungsfindung der Frauen weiterhin in einem erheblichen Umfang unfrei bleibt.

Endlich entdeckt Gilligan bei der Auswertung ihrer Gespräche zur Abtreibungsfrage einen dritten maßgeblichen Schritt in der Entfaltung der moralischen Urteilskraft ihrer Probandinnen. Dabei verschiebt sich Gilligans Betrachtungsweise fast unmerklich von einem deskriptiven zu einem normativen Ansatz. Bisher erschienen die Werte der „Anteilnahme / Zuwendung / Fürsorglichkeit (care)“ (ebd., 114) nur als Typisierungsformen eines von Männern herbeiphantasierten und von Frauen internalisierten Konstrukts von Weiblichkeit. Das ändert sich grundlegend in dem Augenblick, da nicht nur andere Menschen, sondern auch das Selbst der Frauen zum Empfänger der weiblichen Fürsorgeethik wird: „Sobald sich das Pflichtgefühl erweitert, so dass es nicht nur andere, sondern auch einen selbst einschließt, löst sich die Diskrepanz zwischen Egoismus und Verantwortlichkeit auf.“ (ebd., 118) Diese Neubewertung des Selbst im Verhältnis zu anderen impliziert „die Inanspruchnahme der Macht zu wählen, und das Übernehmen der Verantwortung für die getroffene Wahl.“ (ebd., 118) Das ist der entscheidende Aspekt für eine Ethik Pro Choice. Damit ist eine durchaus vorhandene weibliche Moral befreit, damit sind Werte und Einstellungen wie Rücksichtnahme, Taktgefühl, Sensibilität, Beziehungsfähigkeit und Gewaltlosigkeit, die in der misogynen Optik so vieler männlicher Philosophen und Wissenschaftler zur pejorativen Etikettierung der Frauen herhalten mussten, rehabilitiert. Gilligan resümiert: „Die Befreiung aus der Einschüchterung mangelnder Gleichberechtigung gestattet Frauen endlich, ein Urteil zu äußern, das sie vorher für sich behalten hatten. Was Frauen dann artikulieren, ist nicht eine neue Moral, sondern eine Moral, die von den Fesseln befreit ist, die vorher ihre Wahrnehmung erschwert und ihre Artikulation behindert haben. (…). Die Verantwortung für die Anteilnahme schließt somit sowohl das Selbst als auch den andern ein, und das Gebot, nicht zu verletzen, hält – befreit von konventionellen Fesseln – das Ideal der Anteilnahme aufrecht und rückt gleichzeitig die Realität der Wahlmöglichkeit in den Mittelpunkt.“ (ebd., 119f.)

Welches Licht fällt nun aus Gilligans Plädoyer für eine weibliche Moral auf die Abtreibungsfrage und im weiteren Sinne auf die Ethik des Lebensschutzes? Soviel ist klar: Eine Wahl kann es nur dort geben, wo Frauen ein Recht auf Abtreibung haben. Aber: Wo eine Wahlmöglichkeit existiert, ist eine Abtreibung auch niemals schicksalsnotwendig. Wählen zu können – das bedeutet offen zu sein für Handlungsalternativen, es bedeutet sich Zeit zu lassen mit einer Entscheidung und sich von der einseitigen moralischen Inbesitznahme durch die Interessen anderer zu emanzipieren. Es ist sehr aufschlussreich, dass einige (aber keineswegs alle) Beispiele, die Gilligan im Zusammenhang mit ihrer Abtreibungsuntersuchung diskutiert, dahin tendieren, den vermeintlichen Zwang zu einer Entscheidung für eine Abtreibung zu durchbrechen: Die Verantwortung der schwangeren Frau für den Freund, der sich die Vaterrolle nicht zutraut und für eine Abtreibung plädiert, wird aufgewogen durch das Pflichtgefühl sich selbst gegenüber und den eigenen Lebensentwürfen. Das Verantwortungsgefühl einer minderjährigen schwangeren Frau gegenüber ihren Eltern und deren Appellen, zunächst die Ausbildung zu beenden, wird aufgewogen durch die Verantwortung für das Kind und eine eigene Idee vom persönlichen Lebensglück. Um noch deutlicher zu werden: Nimmt man die Forderung der Wahlfreiheit wirklich ernst, muss man auch dafür streiten, „dass eine schwachsinnige Trinkerin, die ihr Kind zur Welt bringen will, ein Recht darauf hat, während der kluge Sozialplaner und Erbgutverbesserer, der es ihr versagen will, ein gottverdammter Narr ist, egal welche positiven Folgen für die Gesellschaftsentwicklung sich aus seinen Kalkülen ergeben, (…).“ (Roß 2012, 144) Pro Choice ist also mitnichten gleichzusetzen mit einem Vorentscheid für Abtreibungen, sondern Pro Choice *kann* für Frauen auch heißen, sich der mitunter sehr subtilen familiären oder sozialen Druckausübung, eine Schwangerschaftsunterbrechung vornehmen zu lassen, gerade nicht zu beugen und sich für ein gewolltes Kind zu entscheiden. Hier existieren also zumindest fallweise Berührungspunkte zwischen den Forderungen von Pro Choice und Pro Life, was für eine unvoreingenommene Betrachtung der Ethik des Lebensschutzes von erheblicher Relevanz ist.

Weitaus weniger für eine solche Fühlungnahme zwischen Pro Life und Pro Choice ist die Überlegung geeignet, eine Schwangerschaftsunterbrechung zu einem Akt der Fürsorge für das abgetriebene Kind zu erklären. Die Philosophin Annemarie Pieper erläutert diese Argumentationsfigur mit dem Hinweis darauf, dass „Frauen dem Fürsorgeprinzip und der damit verbundenen lebenslangen Verantwortung gegenüber dem Kind den Vorrang geben und dementsprechend – sofern das private oder soziale Umfeld die Übernahme solcher Verantwortung erschwert oder gar unmöglich macht – für ein Recht auf Abtreibung eintreten.“ (Pieper 1998, 356) Aus Fürsorge zu töten, aus Fürsorge einem menschlichen Leben sein Kostbarstes zu nehmen, nämlich das Leben selbst, bleibt ein verstörender Gedanke. Daran vermag auch die zudem rein spekulative Unterstellung eines mit der Abtreibung antizipierten Willens des betroffenen Kindes nichts zu ändern. Auch wenn ein Recht auf Abtreibung gerade vor dem Hintergrund der Geschichte der

Misogynie eine tatsächlich *obligate* Konsequenz darstellt, bleibt die ethische Krux jeder Schwangerschaftsunterbrechung fortbestehen, indem ein Leben unwiederbringlich fortgenommen wird. Carol Gilligan, der es eigentlich so sehr auf eine Ethik der Gewaltlosigkeit ankommt, sieht diese Problematik ganz deutlich, wenn sie unumwunden einräumt, „dass das Auftreten des Dilemmas als solches eine gewaltfreie Lösung ausschließt." (Gilligan 1984, 118) Nur mit einem Recht auf Abtreibung kann dem Gewaltmoment Einhalt geboten werden, wie er der staatlichen Kontrolle über den Körper der Frauen in Gestalt der Abtreibungsgesetzgebung eingeschrieben ist. Wird aber ein Recht auf Abtreibung statuiert, so verschiebt sich im Konfliktfall je nach Entscheidung der schwangeren Frau die potentielle Gewaltausübung auf das nächst schwächere Glied der Kette, auf das ungeborene Leben, das stumm bleibt. Auf einer abstrakten, prinzipiellen Ebene erscheint der Widerspruch unlösbar.

Vor diesem Hintergrund kommt Gilligans Versuch über eine spezifisch weibliche Moral und der damit einhergehenden Diversifizierung ethischen Denkens eine besondere Bedeutsamkeit zu. Ihren Gesprächen mit Frauen im Schwangerschaftskonflikt entnimmt Gilligan, dass Frauen dazu neigen, moralische Konflikte mit den tugendähnlichen Einstellungen der Rücksichtnahme und Hilfeleistung zu bewältigen. Der konventionelle Rekurs auf abstrakte moralphilosophische Prinzipien, die an einem konkreten Fall exekutiert werden, sei hingegen nicht charakteristisch für die weibliche Herangehensweise. Diesen eher losen empirischen Befund formt Gilligan schließlich zu einer normativen Ethik der weiblichen Moral um, die sie einer männlich konnotierten universalistischen Gerechtigkeitsarithmetik zur Seite stellt: „Während eine Ethik der Gerechtigkeit von der Prämisse der Gleichberechtigung ausgeht, dass alle gleich behandelt werden sollten, basiert eine Ethik der Anteilnahme / Zuwendung / Fürsorge auf der Prämisse der Ge waltlosigkeit, dass niemand Schaden erleiden sollte." (ebd., 212) Keine dieser beiden Moralen ist durch die jeweils andere ersetzbar und es existiert keine hierarchische Ordnung zwischen ihnen. Beide Moralen gehören für Gilligan zum ethischen Repertoire aller Menschen, der Männer und der Frauen. Obwohl Gilligan ihre deskriptive Forschung auf Interviews mit Frauen stützt, möchte sie deren normative Interpretation keineswegs als „generalisierende Aussagen über die beiden Geschlechter" missverstanden wissen: „Die andere Stimme, die ich zum Ausdruck bringe, ist nicht an ein Geschlecht gebunden, sondern durch ihre Thematik bestimmt." (ebd., 10)

Diese neue und erweiterte Sicht auf das Ganze der Ethik eröffnet die Chance für eine zumindest ansatzweise Befriedung der jähen Antithese von Pro Life und Pro Choice. Gilligans Rehabilitation einer weiblichen Moral bringt für den Lebensschutz keineswegs die Suspendierung der Achtung vor der Menschenwürde mit sich. Alles, was dazu im Kapitel über die ethischen Grundlagen des Lebensschutzes entwickelt wurde, behält seine volle Gültigkeit, doch es erfährt die „moralische Domäne (…) eine (…) Ausweitung durch die Einbeziehung von Verantwortung und gegenseitiger Fürsorge (care) in Beziehungen." (ebd., 211) Diese situationsspezifische und kontextsensitive weibliche Beziehungsethik konvergiert sogar durch ihre Prämissen der Gewaltlosigkeit und der Schadensvermeidung vorderhand mit einer streng deontologischen Lebensschutzethik. Wobei die Care-Ethik aber kein Apriori von moralischen Rechten und Regeln kennt, sondern die Gestaltung menschlicher Beziehungen in konkreten Akten der Anteilnahme, Zuwendung und Fürsorge anstrebt. Das wiederum kann nur in Freiheit geschehen, die sich in der Möglichkeit zu wählen manifestiert. Einer sorglosen Abtreibungspraxis wird damit nicht das Wort geredet. Schließlich kann ja gerade die Verbundenheit der schwangeren Frau mit ihrem Kind eine besondere ethische Beziehungsqualität haben.

Unzulässig ist aber andererseits eine einseitige Vereinnahmung von Gilligans Care-Ethik für die Interessen von Pro Life. Dies geht schon daraus hervor, dass sich von den 29 Probandinnen, die Gilligan für ihre Abtreibungsstudie interviewt hat, eine deutliche Mehrheit von 21 Frauen für eine Abtreibung entschieden hat. Die Care-Ethik will, wie wir gesehen haben, keine geschlechtsspezifische Bereichsethik eröffnen. Dennoch liegt ihr ein starker feministisch-emanzipatorischer Impuls zugrunde, den – schon Jahrzehnte zuvor – vielleicht niemand eindringlicher in Worte gefasst hat als die Ärztin und Schriftstellerin Else Kienle, die 1931 wegen des Verdachts illegal vorgenommener Schwangerschaftsabbrüche in Haft geriet. Im Gefängnis beginnt sie ihr Buch „Frauen: aus dem Tagebuch einer Ärztin“ zu schreiben. Um das Kernanliegen von Pro Choice in der Ethik am Lebensanfang zu verstehen, lohnt es sich auch heute noch, diesen argumentativ und rhetorisch ungewöhnlich kraftvollen Text zu studieren: „Der Mann schreibt vor. Er will den Geist, die Form, den Buchstaben seines Gesetzes erfüllt sehen. Die Frau fühlt einen tieferen Sinn hinter diesen Vorschriften der männlichen Gesetze gegen sie. Sie fühlt ihn nicht nur – sie erlebt ihn, sie muss ihn mit ihrem Körper ertragen, ‚austragen‘. Und wenn sie an diesem Sinne zu zweifeln beginnt, dann verlieren die Gesetze für sie die Gültigkeit. (…). Was weiß er (der Mann – C.T.) denn von ihren Gefühlen? Was weiß er von den Leiden, mit denen das von ihm proklamierte Recht auf das Kind erkämpft ist? Was weiß er von dem inneren Gesetz der Frau, wenn er seine Gesetze auf Erfahrung, Vernunft, abstrakten Pflichtbegriffen aufbaut? Was weiß er von den hundert Anfechtungen der werdenden Mutter? Von den tiefen Zweifeln an ihr selbst, am Mann, an der Welt und ihrer Ordnung? Was von der tief verantwortlichen Frage: Ob sie denn ihr Kind zur Welt bringen, in diese Welt überhaupt hineinsetzen dürfe?" (Kienle 1989, 82f.) Erneut scheint auch bei Kienle die Überzeugung auf, dass Leben nehmen eine Handlung aus Achtsamkeit vor dem dadurch verhinderten Leben sein könne, wie das ähnlich von Luisa Neubauer/Alexander Repenning sowie von Annemarie Pieper und auch von Carol Gilligan vertreten wird. Damit kann man hadern. Aber man muss trotzdem anerkennen, wie ernst es vielen Frauen gerade mit diesem Argument ist: „Denn der wahre, grausame, schlimmste Konflikt liegt nicht zwischen der Frau und dem Gesetz, – sondern in ihr selbst. Jede muss ihn auskämpfen. Nicht gegen Staat, Gesellschaft, Kirche, Gesetz. Sondern mit sich selber." (Kienle 1989, 84)

Zum Schluss kommen wir noch einmal in einer überraschenden Wendung auf den Kapitelanfang zurück. Bisher haben wir solche Ausprägungen der Misogynie betrachtet, die das Leben der Frauen in einer biologistisch verkürzten Sichtweise auf Gebären und Mutterschaft, auf die Sorge für Kinder und Ehemann reduziert haben. Mit schwerwiegenden Folgen bis hinauf in unsere Gegenwart wurde mit diesen Stereotypen versucht, die prinzipielle Abwertung der Frauen gegenüber den Männern zu rechtfertigen. Inzwischen jedoch beginnt sich eine völlig neue Gestalt der Misogynie abzuzeichnen. Nach den vorangegangenen Überlegungen sollte kein Zweifel daran bestehen, dass die Mutterschaft nur eine von unendlich vielen Potentialen im Leben der Frauen darstellen *kann* genauso wie die Vaterschaft im Leben der Männer. Aber die Mutterschaft, befreit von dem ideologischen Ballast diskriminierender Zuschreibungen, ist dennoch eine Möglichkeitsform weiblicher Existenz, die einen hohen Grad an Glück und Erfüllung bereithalten kann und ihre eigene Würde aufweist. Die neue Misogynie zielt nun auf die Abwertung und in letzter Konsequenz auf die Eliminierung dieses Möglichkeitsaspektes von Frausein ab. Darauf deuten jedenfalls bestimmte Tendenzen aus dem

Umfeld der Medizin- und Biowissenschaften sowie des Transhumanismus hin.

Da gibt es den anhaltenden Trend zur Pathologisierung der Schwangerschaft. Wenn inzwischen ungefähr die Hälfte aller Schwangerschaften in Deutschland laut Mutterschaftspass als Risikoschwangerschaft etikettiert wird, zugleich aber die ganz überwiegende Mehrheit der Kinder gesund auf die Welt kommt, dann ist die individuelle Aussagekraft einer solchen Einstufung grundsätzlich doch sehr begrenzt. Die wahre Botschaft hinter der massenweisen Umdeklarierung der guten Hoffnung in ein Risiko ist auch eine ganz andere: Sie rückt die Schwangerschaft wie schon im 19. Jahrhundert erneut in die Nähe einer Krankheit. Es ist die Fortschreibung des alten misogynen Mythos von der „Krankheit Frau“ (Fischer-Homberger 1988) im Gewande technisch-wissenschaftlicher Rationalität. Das hat eine Depotenzierung der Schwangerschaft und vor allem die Nichtachtung der Beziehung zwischen Mutter und Kind zur Folge, wie die Sozialwissenschaftlerin Eva Schindele schon früh u.a. in ihrem Buch „Gläserne Gebär-Mutter“ (Schindele 1990) dargelegt hat: Das Gelingen von Schwangerschaft und Geburt wird zunehmend in Abhängigkeit von der medizintechnischen Überwachung des natürlichen Geschehens betrachtet. So ‚informiert‘ zum Beispiel das Bayerische Landesjugendamt: „In Deutschland werden laut Pro Familia zwar 70% aller Schwangerschaften als Risikoschwangerschaften klassifiziert, jedoch kommen aufgrund häufiger Untersuchungen bei Spezialistinnen und Spezialisten und vermehrter Kontrollen die allermeisten Kinder gesund zur Welt.“ (Bayerischer Erziehungsratgeber 2024) Diese Aussage grenzt an magisches Denken: Das Kind wird gesund sein, weil das ganze Instrumentarium der Pränataldiagnostik entfesselt wird. Die lebensspendende Mutter und ihre lebenserhaltende Beziehung zu dem Kind schrumpfen in einer solchen Sichtweise zu einem Appendix medizintechnischer Klugheit und ihrer Interventionen, bei denen jede Spur der Erinnerung an den transzendenten Charakter von Schwangerschaft und Geburt getilgt ist.

Die kulturelle Verdrängung jener Möglichkeitsaspekte weiblicher Lebenswelten, die mit leiblichen Phänomenen verbunden sind, tangiert auch eine Frage, bei der man zögert sich ihr zuzuwenden, ohne missverstanden zu werden. Sie betrifft die geschlechtsangleichende Brustchirugie bei Transgendern. Für einige Frauen, gemeint sind jetzt zunächst sogenannte Cis-Frauen, die an Brustkrebs erkrankt sind, bleibt die nicht unumstrittene Mastektomie noch immer ein Bestandteil der Therapie. Viele der betroffenen Frauen erleben dies als eine tiefe Identitätskrise ihres Frauseins. Mit einem Brustverlust ist häufig neben physischen Schmerzen zugleich bitteres psychisches Leid verbunden, das sich zumeist im Verborgenen zuträgt. Wie klingt nun vor diesem Hintergrund der Ruf nach einer Eliminierung der weiblichen Brust, mit denen zum Beispiel nicht wenige Transmänner ebenfalls nach einer subkutanen Mastektomie verlangen? Aber auch sie verweisen auf einen beträchtlichen psychischen Leidensdruck. Ihre Brust droht jedoch nicht von einer Krebserkrankung heimgesucht zu werden, sondern sie fühlt sich für die Betroffenen schlichtweg ‚falsch' an. Darüber steht kein Urteil zu. Doch schwingt etwas Beunruhigendes, zutiefst Verwirrendes mit, das weit über den jeweils konkreten Fall hinausreicht. Der Mastektomie als geschlechtsangleichende Operation und damit als Beseitigung körperlich zumeist unversehrten Brustgewebes kommt eine latente Symbolbedeutung zu, die jedoch keinesfalls auf der Ebene der individuellen Bedürfnisse von den Menschen abgehandelt werden kann, die darin ihr Heil suchen. Es kündigt sich vielmehr ein Beben an im Verhältnis des menschlichen Gattungswesens zu sich selbst, in der Stellung des Menschen als Grenzgänger zwischen Natur und Selbstentwurf. „Brüste sind (…) das Weiblichkeitsmerkmal in unserer Gesellschaft. Ihnen gilt viel Aufmerksamkeit (…). Andererseits ist die Fähigkeit zu nähren eine zentrale weibliche Potenz, angesiedelt und symbolisiert in den Brüsten." (Kramer 2005, 11) Wenn gerade dieses Körperteil in der Kontrastkonstellation zwischen einem gefürchteten Brustverlust einerseits und einer ersehnten Brustentfernung andererseits gleichsam zu dem Krisenherd gemacht wird, an dem sich die Irritationen im Selbstverständnis des Menschen auftun, dann lässt sich daran in besonderer Weise auch der ephemere Status weiblicher Identitäten ablesen, soweit sie mit leiblichen Phänomenen einhergehen – um es zurückhaltend auszudrücken.

Richten wir zuletzt noch kurz unsere Aufmerksamkeit auf die Propagierung eines neuen Menschenbildes durch den Transhumanismus, das tatsächlich unmissverständlich von einer leibfeindlichen Misogynie gezeichnet ist. Den Zugang dazu erlangen wir über neue Entwicklungen in der Stammzellforschung. So erklärten unlängst die Stammzellforscher Magdalena Zernicka-Goetz und Jacob Hanna, ihnen sei im Mausmodell die Gewinnung von „Embryonen ohne Eizelle und ohne den Einfluss maternaler Faktoren" (Boiani 2023, 16) gleichsam in einem Bioreaktor gelungen. Der Embryologe Michele Boiani vom Max-Planck-Institut für molekulare Biomedizin in Münster spekuliert in Hinblick auf solche Nachrichten über eine mitotisch-asexuelle Fortpflanzung darüber, in fernerer Zukunft menschliche Embryonen aus induzierten pluripotenten Stammzellen außerhalb der Gebärmutter einer Mutter ex vivo zu produzieren. Zwar macht Boiani mit einer gewissen Doppelzüngigkeit zunächst Einschränkungen, um dann doch genau diese Entwicklung nicht auszuschließen: „Die (menschlichen – C.T.) Embryonen sind viel größer, sie brauchen die Unterstützung des Kreislaufs der Mutter – und zwar über Wochen bis Monate. Aktuell müssen wir also nicht befürchten, dass jemand nun einen menschlichen Embryo außerhalb der Gebärmutter zur vollen Entwicklung bekommt. Aber wenn es bei Mäusen klappen könnte, dann wäre es eine Frage der Zeit (…), bis es auch beim Menschen klappen könnte." (ebd., 16) Wie realistisch diese Ambition ist, sei dahingestellt. Auf die forsche Parole: „wie sonst das Zeugen Mode war, / Erklären wir für eitel Possen" (Goethe 1984, 67) folgte bisher noch stets die Ernüchterung über die Lebensunfähigkeit eines Homunkulus. Weitaus interessanter und viel aussagekräftiger als der rein biowissenschaftliche Aspekt des (äußerst unwahrscheinlichen) Gelingens solcher Experimente ist die symbolische Dimension der Phantasie selbst, die hier die Forscher in ihren Bann zieht, nämlich der ungeheuerliche Gedanke von der Verzichtbarkeit der Mutterschaft für das Entstehen und die Entwicklung menschlichen Lebens.

Im radikalen Transhumanismus zum Beispiel bei dem Futuristen Max More gewinnt diese Phantasmagorie dann eine prägnante und dezidiert misogyne Fasson, indem eine digitale Zukunft erwartet wird, die dadurch gekennzeichnet ist, dass sich die Nachkommenschaft der Menschheit von allem bloß Körperlichen und Biologischen emanzipiert haben wird: „Für uns stellt die Menschheit nur ein Übergangsstadium im Prozess der Evolution von Intelligenz dar und wir befürworten den Einsatz von Technik, um unseren Übergang vom menschlichen zum transhumanen oder posthumanen Zustand zu beschleunigen. (…) Wir wollen die traditionellen, biologischen, genetischen und intellektuellen Grenzen, die unseren Fortschritt einschränken, überschreiten." (More 1998). Auch hier ist wieder nicht der Sachgehalt solcher Phantasiegebilde, sondern allein ihre ideologische Aussage von Interesse. Dahinter steht exakt dasselbe misogyne Argumentationsgestell, wie wir es exemplarisch bei Schopenhauer analysiert haben. Nur erscheint jetzt die ganze Hierarchie um eine Stufe versetzt. Nun ist nicht mehr der biologische Mann, sondern der transhumane Mann der eigentliche Mensch, die höchste Form der Selbstperfektionierung des Menschen, demgegenüber der herkömmliche Mensch in seiner limitierenden leibgebundenen Lebensweise nur eine quasi weibliche inferiore Vorstufe darstellt. Denn das, was diesen konventionellen, endlichen, noch auf den Stoffwechsel mit der Natur festgelegten Menschen so imperfekt macht, ist kulturell eindeutig weiblich konnotiert: Der Leib, die Natur, die mater, überhaupt das Materielle machen den Menschen schwach und arm – sie sind die Hindernisse, die es auf dem Weg der Selbsttranszendierung des Menschen zu überwinden gilt. Die Mutter gibt das Leben und mit ihm die Sterblichkeit, der Transhumanist gibt die Cloud und mit ihr die Unsterblichkeit. Der Transhumanist tilgt die Schmach, von einer Frau geboren worden zu sein. Zweifellos ist diese Version des Transhumanismus eine besonders brutale und aggressive Form der Verächtlichmachung von Frauen und es verwundert, wie wenig dies bisher bemerkt worden ist.

Zwischenbetrachtung: Die Schutzwürdigkeit der Kranken und Sterbenden

Was halten Sie von dem folgenden Vorschlag, der vor einiger Zeit seitens der Politik zum Thema Sterbehilfe gemacht wurde?

> „X und Y sind unter Verantwortung beauftragt, die Befugnisse namentlich zu bestimmender Ärzte so zu erweitern, dass nach menschlichem Ermessen unheilbar Kranken bei kritischster Beurteilung ihres Krankheitszustandes der Gnadentod gewährt werden kann."

Diese Frage wurde vom Autor des vorliegenden Buches über viele Jahre den Teilnehmern an Seminaren zur Bioethik vorgelegt. Nur sehr wenige Studenten haben in der ganzen Zeit ihr unmissverständliches ‚Nein' zu dem ‚Vorschlag' bekundet. Einigen war die Regelung noch zu restriktiv, insofern die Ermöglichung einer aktiven Sterbehilfe auf infauste Prognosen eingeschränkt werde. Anderen erschien wiederum die sehr vorsichtige und zurückhaltend anmutende Formulierung („nach menschlichem Ermessen unheilbar Kranken bei kritischster Beurteilung ihres Gesundheitszustandes") die Gewähr dafür zu bieten, dass dadurch die Sterbehilfe in ethisch verantwortbarer Weise organisiert werden könne. Wieder andere artikulierten ein leises Unbehagen, welches ihnen der Begriff „Gnadentod" bereite und kritisierten, der knappe Text lasse offen, wer denn die Entscheidung über den Vollzug der Sterbehilfe treffe: die Ärzte oder der betroffene Mensch. Keiner aber von den insgesamt weit über 200 Studenten erkannte, dass ihnen der Inhalt des Euthanasie-Ermächtigungsschreibens von Adolf Hitler zur Beurteilung vorlag, zumal dabei wie im Zitat oben der persönliche Briefkopf, Orts- und Zeitangabe („Berlin, 1. Sept. 1939") sowie die Namen der ermächtigten Personen („Reichsleiter Bouhler und Dr. med. Brandt") fehlten. Die Beklommenheit war jeweils groß, sobald darüber aufgeklärt wurde, wie die soeben noch in Unkenntnis des Verfassers arglos diskutierte Leitlinie zur Sterbehilfe in einem unmittelbaren Kausalzusammenhang mit den nationalsozialistischen Euthanasieverbrechen steht. Der Kontrast zwischen der Realität der Euthanasiemorde im NS-Staat und der vermeintlich in der Sorge um die Kranken und Sterbenden formulierten Euthanasienote Hitlers zeigt, dass die Barbarei zunächst nicht als Inkarnation des Bösen daherkommt, sondern sich gerne den Anschein der Harmlosigkeit, ja sogar der Humanität gibt.

Das aus der Sicht der pädagogischen Ethik durchaus nicht ganz unanfechtbare Experiment mit dem Text der anonymisierten Euthanasie-Ermächtigung Hitlers hatte nicht den Sinn, die Studenten zu kompromittieren. Wohl aber entlarvt es ein Versagen des Bildungswesens. Offenkundig keiner der über 200 Probanden war dem Text bzw. einem vergleichbaren Dokument in seiner Schullaufbahn schon einmal begegnet oder konnte sich noch daran erinnern. Niemand vermochte dessen menschenverachtende Demagogie zu dechiffrieren. Und das wiegt schwer, das hat Folgen, gerade auch für die Ethik des Lebensschutzes in unserer Zeit. Die Funktionsweise dieser Demagogie kann an einem Film wie dem NS-Propagandaklassiker „Ich klage an", der 1941 in die deutschen Kinos kam, hervorragend studiert werden. Statt einen solchen Film im Giftschrank zu verwahren, sollte er regelmäßig in den höheren Schulklassen gezeigt und analysiert werden. Das Problem, das „Ich klage an" zu behandeln vorgibt, ist hochaktuell: Es scheint um die Frage der ethischen Legitimität der aktiven Sterbehilfe zu gehen. Die

Thematik wird am Beispiel der an multipler Sklerose erkrankten Pianistin Hanna Heyt eingeführt. Das Leiden der einst erfolgreichen Künstlerin wird in mitleidheischenden Sequenzen eindrucksvoll demonstriert. Mit fortschreitender Erkrankung wachsen Hannas Verzweiflung und ihr Sterbenswunsch. Während sich der befreundete Arzt Dr. Lang weigert, ihr aktive oder auch nur passive Sterbehilfe zu leisten, kann sie schließlich ihren Ehemann dazu veranlassen, ihr das Gift zu verabreichen. Der Arzt Dr. Lang bezichtigt daraufhin den Medizinprofessor des Mordes an seiner Frau. Es kommt zur Anklage. Das Gerichtsverfahren wird in der filmischen Dramaturgie sehr geschickt genutzt, um im Subtext insbesondere einer christlichen Ethik des Lebensschutzes den Prozess zu machen, die als unbarmherzig, unmenschlich und lieblos karikiert wird.

Die Filmanalyse eröffnet einen höchst instruktiven Einblick in den Modus Operandi aller Demagogie: Anknüpfungspunkt ist zunächst ein tatsächlich existentes Problem, das nicht wenige Menschen betrifft und das von ihnen als bedrückend empfunden wird wie zum Beispiel die beunruhigende Vorstellung, am Ende des Lebens selbst bei schwerster Erkrankung nicht über den eigenen Tod entscheiden zu dürfen. Das reale Problem wird nun als ein Vorwand benutzt, um staatliche Maßnahmen und Eingriffe zu lancieren, die eine Abhilfe in diesen konkreten Nöten zu versprechen scheinen, tatsächlich jedoch völlig anderen Zwecken dienen wie (im Falle von „Ich klage an“) volkswirtschaftlichen Rentabilitätskalkulationen im Zusammenhang mit den staatlichen Ausgaben für kranke und pflegebedürftige Menschen. Diese Methodik der Demagogie ist gestern wie heute stets die gleiche: Handlungsabsichten, die nach Einschätzung der politischen Akteure von der Bevölkerung nicht mehrheitlich goutiert werden, gelangen sozusagen auf dem Rücken tatsächlicher Probleme als ihrem Vehikel doch noch über die Ziellinie. Bleibt diese Technik unerkannt, hat das verheerende Konsequenzen für die Ethik des Lebensschutzes zumal am Ende des menschlichen Lebens.

Szenenwechsel: Unlängst hat sich der Wirtschaftswissenschaftler Bernd Raffelhüschen für eine gruppenspezifische Rationierung medizinisch notwendiger Leistungen in Deutschland ausgesprochen. Auf die Frage „Besonders viel Steuergeld wird (...) in Deutschland für den Sozialstaat ausgegeben (...). Wo im Speziellen sollte da Ihrer Meinung nach gekürzt werden?" antwortete Raffelhüschen im online-Radio „Kontrafunk" mit dem Vorschlag: „Was die Sozialausgaben der demographischen Komponenten angeht, nun da kann man nichts anderes machen als zu sagen: *Wir können halt nicht alles medizinisch Notwendige für alle Menschen auf alle Zeit finanzieren*, wenn die Beitragszahler, die dazu notwendig wären, nicht geboren worden sind. Und an der Vergangenheit werden wir nichts ändern, die sind nun mal nicht da. Und die Rentner und die Kranken und die Pflegebedürftigen werden doppelt oder dreimal so viele sein wie heute, also mindestens doppelt so viele. Und daran können wir nichts mehr ändern. (...). Wir können nur die Akzeptanz der Generationenverträge sicherstellen, indem wir den Jungen zusichern, dass die Beiträge konstant bleiben und wir entsprechend die Leistungen für die Babyboomer kürzen werden, denn das sind ja *genau die, die auch die Schuld an der ganzen Misere tragen*. Sie hätten ja mehr Kinder in die Welt setzen können, haben sie aber nicht gemacht." (Raffelhüschen 2023 – kursive Hervorhebungen von C.T.) Um Missverständnissen vorzubeugen: Es wäre grober Unfug, Raffelhüschens Ausführungen im „Kontrafunk" in die Nähe der nationalsozialistischen Ideologie zu stellen. Was wir im Vorangegangen über die Technik demagogischer Rhetorik entwickelt haben, kann in einem neoliberalen Kontext ebenfalls zur Anwendung gelangen. Auch bei Raffelhüschen ist der Anknüpfungspunkt für sein Räsonnement die reale Sorge vieler Menschen um die Zukunft des Sozialstaates und einer gerechten Sozialordnung. Raffelhüschen begegnet ihr aber mit einem Lösungsvorschlag, der geradewegs auf die Zerstörung des Sozialstaates hinausläuft, indem das Schutzversprechen sozialer Sicherheit im Gesundheitsbereich einfach aufgekündigt werden soll. Hinter der als Feststellung getarnten Forderung, man könne nicht alles medizinisch Notwendige für alle Menschen auf alle Zeit finanzieren, steht die Strategie, finanzielle Probleme des Gemeinwesens und der Sozialversicherung durch die Verkürzung der Lebenszeit ärmerer Menschen auszugleichen. Wenn einer selektierten Gruppe von Menschen wie den Babyboomern, die Raffelhüschen pauschal zum Sündenbock für die Finanzierungskrise des Gesundheitswesens erklärt, medizinisch notwendige Leistungen vorenthalten werden sollen, heißt dies nichts anderes als billigend in Kauf zu nehmen, dass diese Menschen, und zwar je schwacher und ärmer sie sind, sehr wahrscheinlich vorzeitig sterben müssen. Es sagt – nebenbei bemerkt – schon etwas über die kritische Kompetenz des „Kontrafunks" aus, dass hier die Moderation nicht nachgehakt hat, sondern bereits durch die einleitende Fragestellung eher wie ein Gehilfe des Interviewgastes agiert.

Die Debatte um die großen, dringlichen Themen der Ethik am Lebensende, namentlich um die ethische Legitimität des assistierten Suizids, wird durch Beiträge wie Raffelhüschens Parteinahme für eine *indirekte Euthanasie* konterkariert. Sobald die Forderung nach einem selbstbestimmten Sterben erhoben wird, steht dann ein Verdacht, ein Argwohn im Raum, den der Medizinethiker Axel W. Bauer folgendermaßen beschreibt: „Gesellschaftlich gesteuert werden könnte der Prozess der kostengünstigen ‚Entsorgung' alter und kranker Menschen dann, wenn es gelänge, sie selbst schon weit im Vorfeld des Todes davon zu überzeugen, dass ein freiwilliger Suizid nach einem erfüllten Leben eine Tugend oder eine soziale Verpflichtung wäre." (Bauer 2012, 119) Es wäre eine tödliche Naivität bei Wortmeldungen zur Ethik am Lebensende nicht immer zuerst zu fragen: Wer spricht? Und aus welchem Interesse?

Viertes Kapitel: Die Dichotomien des Lebensschutzes und die Würde des ethischen Urteils

Im Ergebnis stehen wir nach unseren Plädoyers Pro Life und Pro Choice vor den Dichotomien einer Ethik des Lebensschutzes anstatt mit unmittelbar anwendungsfertigen Regeln aufwarten zu können. Schon die einfachsten Rechnungen gehen nicht mehr auf. Weder sind Embryonen ein Zellhaufen noch sind Lebensschützer Apologeten des Patriarchats. Wer für ein Recht auf Abtreibung plädiert, findet deshalb nicht per se Abtreibungen gut. Was die Ethik am Lebensende betrifft, so darf man um der Menschenwürde willen das eigene Lebensrecht genauso wenig wie das eines anderen Menschen zur Disposition stellen, und doch liefe es auf eine große Inhumanität hinaus, daraus eine Lebenspflicht zu statuieren und diese mit Gewalt erzwingen zu wollen. Philosophisch wird die Dichotomie als „ein Verhältnis zwischen zwei sich ausschließenden Begriffen" definiert, „zu denen es einen gemeinsamen Oberbegriff gibt." (Regenbogen/Meyer 1998, 150) Das erfasst präzise die Relation von Pro Life und Pro Choice, die im Denken wie im Handeln miteinander kollidieren und doch *beide* Konfigurationen des Lebensschutzes sind. Wer Pro Life votiert, befürchtet sich moralisch zu kompromittieren, insofern er anerkennen sollte, dass die Reichweite seiner strengen deontologischen Moralprinzipien doch nicht genügt, um das Los aller Frauen, die einen Schwangerschaftskonflikt durchleben, ethisch adäquat beschreiben zu können. Man denke nur an die Redewendung

„ungewollt schwanger" und was für unermessliches Leid sich hinter dieser Formulierung verbergen kann. Gerade deshalb erscheint das ethische Plädoyer Pro Choice umso dringender geboten. Und wiederum meinen dann viele irrtümlich, die Unzweideutigkeit des moralischen Engagements für eine freie Wahlmöglichkeit der Frauen nur dann wahren zu können, wenn das ungeborene Leben aus dem ethischen Kosmos verdrängt und zum Zellhaufen deklariert wird.

Um ihr Ideal der Widerspruchsfreiheit aufrechtzuerhalten, sind pro Life und Pro Choice gleichermaßen der ständigen Gefahr ausgesetzt, die gegnerische Position einfach wegzulassen, zu unterdrücken, bisweilen sogar zu dämonisieren: „Darin zeigt sich unsere Vorliebe für das Absolute. Denn wir haben es nicht gerne mit differenzierenden Adverbien zu tun (…). Sie machen die Sätze schwerfällig und geraten mit den unwiderstehlichen Gefühlen in Konflikt." (Lippmann 2018, 116) Was der amerikanische Publizist Walter Lippmann in seinem 1922 erschienenen Klassiker „Public Opinion" über die Tendenz der öffentlichen Meinung zur „Schaffung eines Systems alles Bösen oder eines Systems alles Guten" (Lippmann 2018, 116) notiert, findet seine geradezu exemplarische Veranschaulichung in den Schwarz-Weiß-Sichten von Pro Life und Pro Choice: „Wir haben eine Abneigung gegen die Wörter ziemlich, vielleicht, wenn, oder, aber, gegen, nicht ganz, fast, zeitweilig, teilweise. Und doch bedarf fast jede Meinung über öffentliche Angelegenheiten einer Einschränkung durch ein Wort dieser Art. Aber in unseren Gedanken strebt alles danach, sich als absolut zu gebärden – hundertprozentig, allerorts und immer." (Lippmann 2018, 116) Richtig ist: Es gibt eine Schutzwürdigkeit des ungeborenen menschlichen Lebens, die durch keinen Kompromiss ethisch relativiert werden kann. Aber genauso richtig ist: Es gibt eine Schutzwürdigkeit der Frauen, weshalb die freie Entscheidung einer Frau im Schwangerschaftskonflikt unbedingt zu achten ist und nicht durch ein moralisches Präjudiz welcher Tendenz auch immer vorweggenommen werden kann und darf. Ebenso ist zutreffend: Eine Ethik der Ehrfurcht vor dem Leben schließt eine Befürwortung des Suizids aus. Im Gegensatz dazu ist doch genauso wahr: Ein Mensch, der für sich nachdrücklich in großer Eindeutigkeit den Tod herbeisehnt, darf nicht mit womöglich eskalierender Gewalt von einem Suizid abgehalten werden. Diese beiden Satzpaare zur Ethik am Lebensanfang und zur Ethik am Lebensende stehen jeweils in einem offenen, unaufhebbaren Widerspruch zueinander, durch den unverkennbar die Antithese zwischen einer deontologischen Ethik der Menschenwürde und einer utilitaristischen Ethik der Schmerzvermeidung hindurchschimmert.

Jeder Einzelsatz der beiden Setzungen eines Gegensatzpaares artikuliert jeweils einen fundamentalen Aspekt der ethischen Urteilsbildung. Echtes Verantwortungsgefühl umfasst immer das Ganze dieser dichotomischen Einheiten. Das bedeutet aber auch, dass der Mensch in seinem ethischen Denken und Entscheiden in diese Widerspruchsstruktur in einer Weise hineingezogen werden kann, die ihn sozusagen mit sich selbst ins Unreine kommen lässt und das perfekt gepflegte Bild von der eigenen moralischen Makellosigkeit und Unangreifbarkeit zerstört. Dabei handelt es sich um eine produktive Zerstörung, über die der niederländische Pädagoge Martinus Jan Langeveld schreibt: „Es ist also nicht so, als ob man nach Maßgabe seines Verantwortungsgefühls bestehen könnte, sondern nach dieser Maßgabe erst begreift man seine Unzulänglichkeit." (Langeveld 1962, 176) Diese existentielle Verunsicherung widerfährt dem Verantwortungsgefühl gerade auch dann, wenn es in das Spannungsfeld der einander widerstreitenden Dichotomien des Lebensschutzes gerät. Warum ist dieser Punkt so wichtig? Es geht dabei nicht nur um das Erlangen einer kritischen Perspektive auf das eigene Moralempfinden, sondern auch um die

Emanzipation von dem Moralismus der öffentlichen Meinung. Hören wir dazu nochmals Langeveld: „Nur wer Verantwortungsgefühl besitzt, kann versagen, und zwar in dem Maße, in dem er dieses Gefühl besitzt. Ist das nicht ungereimt? Wird nicht gerade derjenige, der ein starkes Verantwortungsgefühl hat, sich darin ruhig, sicher, ‚verantwortet' und mithin immun gegen Kritik wissen? Doch nur so weit, wie sein Gefühl für sittlichen Eigenwert von dem Urteil anderer abhängig ist. Und je mehr dies der Fall ist, umso schwächer ist sein Verantwortungsgefühl in Wirklichkeit. Soziale Konformität, Anpassung an die öffentliche Meinung tritt dann an die Stelle des Verantwortungsgefühls. Wie sehr man sich auch in der Verantwortlichkeit dem Urteil anderer bloßstellt, man trägt doch letztlich seine Verantwortung nicht ‚den Menschen', dem anonymen ‚man' gegenüber." (ebd., 176) Damit verdeutlicht Langeveld, wo sich eigentlich der Sitz des Verantwortungsgefühls befindet, nämlich im „Neinsagenkönnen" (Scheler) zu den Verlockungen des Sich-Anschmiegens an die sozialen Erwartungen und die vorherrschenden Meinungen und – was nun den Lebensschutz im engeren Sinne betrifft – auch im Neinsagenkönnen zu der Logik einer ethischen Widerspruchsfreiheit, wie sie Pro Life und nicht minder Pro Choice einfordern. Solches Neinsagen hat seinen Preis – nicht allein was den drohenden Verlust einer beschirmenden gesellschaftlichen Gruppenzugehörigkeit betrifft, sondern mehr noch in der Gefährdung des inneren moralischen Friedens mit sich selbst. Wer diese Erfahrung macht, dem zerbricht die Illusion einer Rechtfertigung seines Entscheidens und Handelns, solange er sich nur der strengen Folgerichtigkeit einer moralischen Theorie und ihren ehernen Begriffen von gut und böse unterwirft.

Dies alles heißt jedoch nicht, dass wir den Unwägbarkeiten am Lebensanfang und am Lebensende gänzlich ohne den Beistand der Ethik ausgeliefert wären. Ohne eine klare Erkenntnis von der Würde des Menschen, gerade auch des ungeborenen Lebens und des alternden, sterbenden Menschen, kann es überhaupt keine Medizin- und Bioethik geben. Wo Abtreibungen und Alterssuizide zu fraglos hingenommenen Gewohnheiten werden, ist die Ethik des Lebensschutzes längst zum Schaden aller suspendiert. Aber es gibt auch einen Würdeschutz für Frauen in der Entscheidungssituation über eine Schwangerschaftsunterbrechung, es gibt auch einen Würdeschutz für Menschen, die auf der letzten Strecke ihres Daseins nach langem Zögern und reiflicher Überlegung den Tod wünschen. Auch das Sterben und die Art des Sterbens ist ein Teil ihres Lebens. Das Leben selbst konfrontiert uns Menschen mit Widerfahrnissen, auf welche die grundsätzlich geltenden und vollauf zu bejahenden allgemeinen ethischen Gesetze des Lebensschutzes (im Sinne von Pro Life) nicht mehr anwendbar sind, weil es einfach unmöglich ist, jede Notlage, jede unerträgliche Bedrängnis schon theoretisch vorwegnehmen zu wollen. Deshalb muss man im Einzelfall eine Ausnahme von den Regeln machen und den Maßstab der Billigkeit (Epikie) anwenden, über den Aristoteles sagt: „Und das ist die Natur des Billigen: es ist eine Korrektur des Gesetzes, da wo dasselbe wegen seiner allgemeinen Fassung mangelhaft bleibt." (Aristoteles 1985, 127) Es besteht ein Überhang der weiten menschlichen Lebenswelten gegenüber der Weisheit idealer ethischer Reiche. Explizit führt Aristoteles die Epikie als ein Erfordernis der Gerechtigkeit ein, „da bei manchen Dingen richtige Bestimmungen durch ein allgemeines Gesetz sich nicht geben lassen." (ebd., 126) Wenn wir nun den Gedanken der Epikie aus dem Kontext der Nikomachischen Ethik des Aristoteles herausnehmen und für eine Ethik des Lebensschutzes adaptieren, öffnet sich ein Fenster für Pro Choice im Gesamtrahmen von Pro Life. Eine Epikie kann es ja nur dann geben, wenn es ein Gesetz gibt, das grundsätzlich gilt: „Epikie tastet (…) die Gültigkeit der Norm nicht an, stellt keine Gegennorm auf, sondern nimmt das Konkrete einmaliger Lebensgeschichten ernst." (Schlögl-Flierl 2017, 87) Sich des Maßstabs der Epikie zu bedienen und eine Ergänzung des Gesetzes vorzunehmen, bestätigt immer zugleich auch die fortdauernde allgemeine Geltung der Regel. Das ist die Dialektik der Epikie. Verbirgt sich dahinter aber nicht doch eine latente, moralphilosophisch verbrämte Abwertung einer Frau, die einen Schwangerschaftsabbruch vorgenommen hat oder erwägt? Stehen wir damit nicht in Gefahr, am Ende doch wieder genau jene Vorvorurteilung auszusprechen, die Else Kienle präzise auf den Begriff bringt: „Immer sieht der Mann in einer Frau, die das Austragen des Kindes ablehnt, eine Ausnahme. Eine verwerfliche Ausnahme. Ein unnatürliches Wesen." (Kienle 1989, 83)

Alles hängt davon ab, wer darüber entscheidet, ob die Bedingungen für ein Abweichen von der Regel im Sinne der Epikie erfüllt sind, und ob dieser Entscheidung dann auch vorbehaltslos Respekt gezollt wird. Die Entscheidungskompetenz kommt allein der betroffenen Person selbst zu, in unseren Beispielen der Frau im Schwangerschaftskonflikt oder dem Menschen, der einen nachdrücklichen Sterbenswunsch verspürt. Kein Gericht, kein Gremium, kein Komitee und auch kein Ethikexperte vermögen diese persönliche Entscheidung zu ersetzen, anzubahnen oder gar zu determinieren. Das ist im Wesen der Epikie selbst begründet: „Da Epikie in der Rücksicht auf die unabsehbaren Lebensumstände besteht, kann eine taxative Aufzählung von Bedingungen ihrer Anwendung nicht geleistet werden." (Schlögl-Flierl 2017, 87) Es gibt also keine Institution, die dafür zuständig sein könnte, vorab bestimmte Situationen als Anwendungsfall für die Epikie zu klassifizieren, sondern das obliegt allein der Urteilskraft des konkret betroffenen Menschen. Man kann nun alle möglichen, vermeintlich empirischen Gründe gegen die Urteilsfähigkeit und Entscheidungsfreiheit einer Person ins Feld führen und auf diese Weise versuchen, sie ihrer ethischen Selbständigkeit zu berauben, sei es dass man ihr mangelnde intellektuelle Reife attestiert oder sei es, dass man sie für krank erklärt. Wir haben gesehen, wie dies bis in unsere Zeit hinauf vorzugsweise in Hinblick auf Frauen tatsächlich immer wieder sehr erfolgreich versucht wurde. Vor der Ethik aber sind diese Gründe sämtlich belanglos. Für die ethische Perspektive gilt uneingeschränkt der Satz Langevelds: „Die Menschheit, das heißt, das menschliche Wesen in seiner vollen Mannigfaltigkeit, besitzt aber ein Einheitsprinzip in der Tatsache, dass jeder Mensch wesenhaft imstande ist, eine sittliche Entscheidung zu treffen und sich in seinem Verhalten danach zu richten.“ (Langeveld 1962, 63) Dieses Vermögen mag neurobiologisch bestritten, es mag psychologisch angefochten werden, ja, die Auffassung Langevelds über die sittliche Eigenverantwortlichkeit des Menschen mag sogar kontrafaktisch sein – und doch kann die Ethik in diesem Punkte keinen Kompromiss eingehen. Wer die ethische Entscheidungsfreiheit des Menschen, des individuellen Menschen, infragestellt, verneint die Möglichkeit von Ethik überhaupt.

In den vorherigen Kapiteln behandelten wir die Schutzwürdigkeit der Ungeborenen und der Frauen. Die Würde inhärierte jeweils – man verzeihe die Kühle der Formulierung – bestimmten Objektsphären als ihre quasi ontologische Essenz. Es gibt aber noch eine andere Ebene, die jetzt nicht mehr die ethisch schützenswerten *Objekte*, sondern die *das ethische Urteil selbst* und die *ihm* eigene Würde betrifft. Es existiert auch ein *Würdesubjekt.* In ihm, in seiner Autonomie des Willens erfüllt sich der tiefste Sinn der Kantischen Moralphilosophie. Aber diese Autonomie erschöpft sich gleichwohl nicht wie bei Kant in der formalen, unpersönlichen Allgemeingültigkeit des Kategorischen Imperativs und einer Willensbestimmung durch reine praktische Vernunft. Die Biographie und die Lebenserfahrung, Beziehungen, Einstellungen und Werthaltungen, aber auch die leibliche Verfasstheit eines Menschen, zudem der situative Kontext fließen in den Reflexionsprozess ein, der sich schließlich in einem ethischen Urteil kristallisiert. Diese individuelle Einmaligkeit – nicht zu verwechseln mit Meinungen oder flüchtigen Stimmungen – verleiht dem Urteil eine besondere Dignität, die zu missachten eine eklatante Verletzung der Subjektwürde darstellt. Eine rein äußerliche Exekution von moralischen Prinzipien ohne Ansehen der Person ist mit der Würde des ethischen Urteils unvereinbar. Deshalb kann es auch gerade für die Ethik am Lebensanfang und am Lebensende keine Forderung geben, dass alle in derselben konkreten Situation identisch entscheiden und handeln müssten, wie der Philosoph Wolfgang Stegmüller unter Bezugnahme auf die Wertethik Max Schelers unterstreicht: „Es ist durchaus möglich, dass ich in einer bestimmten Situation etwas tun soll, das nur für mich, nicht auch für einen anderen in dieser Lage gut ist. Scheler prägt dafür die Formel ‚*das An-sich-Gute-für-mich*'. Darin liegt weder ein Relativismus verborgen noch ein logischer Widerspruch. (…). Absolutheit der Werte und unersetzbare Eigenbedeutung der individuellen Person heben sich also gegenseitig nicht auf, das An-sich-Gute beschließt die einzigartige ‚Forderung der Stunde' in sich." (Stegmüller 1978, 114) Die „Erkenntnis eines An-sich-Guten, aber eben des ‚An-sich-Guten für *mich*'" (Scheler 1966, 482), von dem wir wissen: „Das ist *dein* und *nur dein* Gutes, was immer das Gute für andere sei" (ebd., 323), offenbart sich im persönlichen ethischen Urteil. Die primäre Aufgabe einer Ethik des Lebensschutzes besteht darin, diesem Urteil zu seinem Recht zu verhelfen und dafür zu sorgen, dass ihm in der moralischen Praxis auch die Achtung und Anerkennung zuteilwird, die allein ihm gebührt. Einem solchen ethischen Urteil schulden wir unbedingten Respekt, es verstattet keine Belehrung und keine Korrektur durch die Kasuistik ethischen Expertentums.

Dieses singuläre Vorrecht des ethischen Urteils bedeutet selbstverständlich nicht, dass man die Menschen, die in einer existentiellen Entscheidungssituation stehen, im Übrigen einfach sich selbst überlassen darf. Besonders von Frauen im Schwangerschaftskonflikt wird immer wieder beklagt, wie allein, einsam und verlassen sie sich mit der Schwere ihrer Entscheidung und ihrer Verantwortung dafür fühlen. Die Hebamme und Filmemacherin Katja Baumgarten, Autorin des autobiographischen Films „Mein kleines Kind", empfindet die Sätze „Sie müssen entscheiden! Ich verhalte mich jetzt neutral", mit denen der Pränataldiagnostiker die Diagnose Trisomie 18 für ihr Kind kommentiert, als einen Affront: „Ich muss auch nachträglich sagen, dass diese Neutralität eigentlich was Grausames ist. Es ist zwar politisch korrekt so, aber an sich ist das nichts Neutrales, wenn entschieden werden soll, ob ein Mensch jetzt lebt oder stirbt. Ich finde, eine Mutter – oder eine Familie – muss mehr Rückhalt haben, als dass (...) jetzt alle so sagen, machen Sie mal, Sie müssen jetzt entscheiden, das ist alles Ihre Sache." (Baumgarten 2007) Mit dieser Art der Nichteinmischung wird implizit die Aufkündigung der Solidarität mit der Mutter für den Fall angedroht, dass sie sich für das Leben des Kindes entscheiden sollte: „Ich empfand die unausgesprochene Botschaft, wenn ich das Angebot ausschlagen würde, meinem Kind ‚prophylaktisch' jetzt das Leben zu nehmen, hätte ich eines Tages ‚selbst Schuld' wenn ich vielleicht den Aufgaben nicht mehr gewachsen wäre, die mein kleiner Sohn mit seinen Behinderungen an mich und an uns alle stellen könnte. Immerhin lebte ich als berufstätige Mutter von weiteren drei Kindern, ohnehin bereits sehr an meinen Kraftgrenzen und musste auch für die anderen Kinder da sein." (Baumgarten 2004) Pro Choice und die hohe Wertschätzung für das ethische Urteil bleiben rhetorische Leerformeln, mit denen sich ganz ausgezeichnet moralische Taten- und Teilnahmslosigkeit bemänteln lassen, solange nicht zugleich eine entscheidungsunabhängige

Zusage von Beistand konstitutiv mit dem Engagement für die Wahlfreiheit einhergeht. Wer diesen Zusammenhang in Abrede stellt, leugnet die gesellschaftliche Mitverantwortung und nicht zuletzt seine eigene Verantwortung für das Gelingen menschlicher Beziehungen am Lebensanfang und Lebensende auch im Dasein der anderen. Dann werden in unserer Gesellschaft weiterhin verzweifelte Aufschreie wie der folgende ebenso alltäglich wie ohne Konsequenzen bleiben: „Meine Miete ist um satte 30 Prozent gestiegen. Eine neue Wohnung als Alleinerziehende finden: Keine Chance." (Anonymus 2024, 56) Es ist also nicht damit getan, die Möglichkeit der Epikie zu postulieren sowie die Majestät des persönlichen ethischen Urteils zu rühmen und damit nur auf rein theoretischer Ebene zwischen Pro Life und Pro Choice zu vermitteln.

Nachdem wir in den vorangegangenen Kapiteln die ethischen Anliegen der verschiedenen Felder des Lebensschutzes dargestellt haben, soll nun geprüft werden, ob nicht die Teilethiken des Lebensschutzes (Pro Life und Pro Choice) bei aller Disparität ihrer Wertsphären, trotzdem inhaltliche Berührungspunkte aufweisen. Mit dem Interesse an gewaltfreien Konfliktlösungen ist tatsächlich eine solche Gemeinsamkeit vorhanden.

Als Katja Baumgarten mit der Prognose Trisomie 18 für ihr kleines Kind konfrontiert wird, legt man ihr eine sofortige Beendigung der Schwangerschaft als die in solchen Fällen angeblich übliche Lösung nahe. Entscheide sie sich hingegen für das Leben ihres Kindes – und das Kind wurde tatsächlich geboren und lebte einige Stunden umfangen von der Mutter – so bedürfe dieses dann umgehend einer fachkundigen Versorgung durch Experten in einem intensivmedizinischen Setting. Die damit vorgezeichneten Handlungsalternativen erfüllen die Mutter mit Schrecken, denn sie wolle ihr Kind weder zum Leben zwingen noch wolle sie ihm sein Leben nehmen: „Ich wollte keine Gewalt. Ich hatte so Angst vor dieser Gewalt. (…).

Diese Gewalt wird nur Unheil dann bringen." (Baumgarten 2007) Die aufrüttelnden Worte Katja Baumgartens bezeichnen eine Erfahrung, welche den Lebensschutz ganz grundsätzlich anbelangt und die fast immer sowohl hinter Pro Life als auch hinter Pro Choice als Movens des Nachdenkens über Ethik steht: Es ist die Angst vor dem Erleiden von Gewalt, die Angst entweder zum Subjekt oder zum Objekt einer solchen Gewaltausübung zu werden. Es fehlt nicht an Material für eine umfangreiche Phänomenologie solcher gewaltinduzierten Menschenwürdeverletzungen am Anfang und Ende des menschlichen Lebens. Wir beschränken uns im Folgenden auf einige Beispiele von allerdings großer Tragweite für die Praxis des Lebensschutzes.

So gewinnt die Meinung, man möge schwangeren Frauen, die in sozial schwachen Verhältnissen leben, eine Abtreibung empfehlen, gesellschaftlich offenbar immer mehr an Boden. Besonders gerne wird dieser Rat an bereits alleinerziehende Mütter adressiert. Man glaubt, damit für das Wohl der Kinder zu optieren, die sonst unter depravierenden Daseinsverhältnissen aufwachsen müssten und voraussichtlich zeitlebens unterprivilegiert blieben. Hier scheint erneut das paradoxe Gedankenkonstrukt einer Tötung aus Fürsorge auf. Zudem offenbart ein solcher Vorschlag aber noch ein zusätzliches, ersichtlich unerkanntes und exorbitantes Gewaltmoment: Es ist die Gewalt der Armut, die nicht als gesellschaftlich verhängt erkannt, sondern als individuelles Los betrachtet wird. Unter der Gewalt der Armut ist nicht etwa das kämpferische Aufbegehren der Armen gegen soziale Ungleichheit zu verstehen, sondern eine Form von Gewaltausübung, die sich für Papst Franziskus in der totalen sozialen Ausschließung von Menschen manifestiert: „Wir haben die ‚Wegwerfkultur' eingeführt, die sogar gefördert wird. Es geht nicht mehr einfach um das Phänomen der Ausbeutung und der Unterdrückung, sondern um etwas Neues: Mit der

Ausschließung ist die Zugehörigkeit zu der Gesellschaft, in der man lebt, an ihrer Wurzel getroffen, denn durch sie befindet man sich nicht in der Unterschicht, am Rande oder gehört zu den Machtlosen, sondern man steht draußen. Die Ausgeschlossenen sind nicht ‚Ausgebeutete', sondern Müll, ‚Abfall'." (Franziskus 2013, 38) Die Auffassung, Kinder aus armen Verhältnissen sollten besser gar nicht erst geboren werden, ist eine besonders brutale Äußerungsform dieser Gewalt der Ausschließung. Die Mütter werden zutiefst gedemütigt, indem das Leben ihrer Kinder und damit letztlich ihr eigenes Leben als nicht lebenswert deklariert wird. Wer so ‚argumentiert', reiht sich ein in die nicht enden wollende Geschichte der Misogynie. Und auch hier geht es wieder um Rechte, die den Frauen vorenthalten werden, in diesem Zusammenhang um eine völlig andere Rechtsstellung, die mit einer finanziellen Unterstützung verbunden wäre, welche bedürftige Mütter aus der Rolle der permanenten Bettlerin befreit – Bettlerin um Mietzuschüsse, um die Bezahlung einer Erstausstattung für den Säugling, um staatliche Unterhaltsvorschüsse (wenn der Vater nicht zahlt), um eine Rechtsberatung, um psychologischen Beistand, um die Organisation einer Tagesmutter. Wo Abtreibungen mit Verweis auf die prekären materiellen Lebensumstände der Mutter nahegelegt werden, ist die soziale Ordnung des Gemeinwesens offenkundig dysfunktional. Deshalb fordert die Autorin Meike Stoverock: „Will man weniger Abtreibungen, so braucht man zuerst eine Gesellschaft, in der Schwangerschaft nicht zu einer existenzbedrohenden Gefahr wird. Will man weniger Abtreibungen, so braucht man eine knallharte Verfolgung und Bestrafung von Vergewaltigern. Will man weniger Abtreibungen, dann muss man dafür sorgen, dass Schwangerschaften Frauen nicht in das gesellschaftliche Abseits bringen." (Stoverock 2021a, 256)

Von der Gewalt der Ausschließung werden auch fortlaufend Menschen geschlagen, die mit Behinderungen leben. Unter ihnen ist die 1995 geborene Engländerin Heidi Crowter. Sie ist eine berufstätige und verheiratete Frau mit einer Behinderung Trisomie 21, welche für ihre Lebensqualität überhaupt keine Einschränkung bedeutet. Leid bringen in dieser Hinsicht allein die Diskriminierung und Diffamierung durch andere Menschen in ihr Leben. Diesen Missstand bringt für Heidi Crowter insbesondere die Abtreibungsgesetzgebung in Großbritannien zum Ausdruck, gegen die sie auf nationaler Ebene bis hin zum Berufungsgericht des Obersten Gerichtshofs vergeblich geklagt hat. Das Gesetz verbietet Abtreibungen nach der 24. Schwangerschaftswoche, macht davon aber zwei Ausnahmen, wenn die Gesundheit der Mutter in Gefahr ist „oder wenn mit hinreichender Wahrscheinlichkeit ernsthafte physische oder geistige Schäden des ungeborenen Kindes zu erwarten sind." (Wissenschaftliche Dienste 2023, 19) Somit dürfen Föten mit einer diagnostizierten Behinderung Trisomie 21 im Gegensatz zu anderen Kindern bis zur Geburt abgetrieben werden. Genau dadurch sieht sich Crowter in ihrer Selbstachtung verletzt: „In 2023, we live in a society where disabled people are valued equally after birth but not in the womb. Our law singles out babies with disabilities. It says that babies can't be aborted after 24-weeks if they are not found to have a disability, but if a baby is found to have Down's syndrome, they can be aborted up until birth. This is the current law in the UK and I think it's not fair. This law sends a message to people like me with Down's syndrome that we are less valuable than others. This is not true and it is not right." (Crowter 2023) Von der britischen Abtreibungsgesetzgebung geht gewiss keine Gefährdung für das Leben von Menschen mit einer Behinderung aus, die wie Heidi Crowter bereits geboren sind. Aber das Gesetz öffnet expressis verbis – im Unterschied übrigens zur deutschen Rechtslage, die keine embryopathische Indikation kennt – das Tor zur vorgeburtlichen Selektion von Menschen mit einer Behinderung. Darin schwingt selbstverständlich ein negatives Werturteil über das Leben mit einer Behinderung mit, das von vielen betroffenen Menschen völlig zu Recht als diskriminierend empfunden wird. Obwohl es Crowter in erster Linie um die Wahrung ihrer Selbstachtung und um die Würde von anderen Menschen mit einer Behinderung geht, bricht hier erneut der Konflikt zwischen Pro Life und Pro Choice auf und es wird nur zu deutlich erkennbar, dass seiner Befriedung, wie sie auch mit diesem Buch angestrebt wird, Grenzen gesetzt sind.

Dennoch weisen die beiden Flügel der Lebensschutzethik in anderen Aspekten und insbesondere bei der Gewaltprävention bisweilen überraschende Berührungspunkte auf. Das ist umso verblüffender, wenn Themen betroffen sind, die in der Wahrnehmung von Pro Life und Pro Choice ein geradezu identitätsstiftendes Unterscheidungsmerkmal darstellen. Am Beispiel der ethischen Beurteilung des Kontrazeptivums ‚Antibabypille' durch Papst Paul VI. auf der einen Seite und durch die Biologin Meike Stoverock auf der anderen Seite kann dies eindrucksvoll veranschaulicht werden. Freilich, ist das nicht eine abwegige Verbindung? Hat nicht die bekennende Atheistin und Feministin Stoverock unlängst in ihrem Buch „Female Choice" für eine „Menschheit ohne Gott" (Stoverock 2021a, 313) plädiert und als ein Etappenziel die radikale Abschaffung sämtlicher religiöser Feiertage in Deutschland gefordert? Schreibt nicht der Katechismus der Katholischen Kirche die bipolare Geschlechterordnung fort, indem es in den Erläuterungen zum sechsten Gebot heißt: „Jeder Mensch, ob Mann oder Frau, muss seine Geschlechtlichkeit anerkennen und annehmen. Die leibliche, moralische und geistige *Verschiedenheit* und *gegenseitige Ergänzung* sind auf die Güter der Ehe und der Entfaltung des Familienlebens hingeordnet. (…). Beide Geschlechter besitzen die gleiche Würde und sind, wenn auch auf verschiedene Weise, Bild der Kraft und der zärtlichen Liebe Gottes.“ (KKK 2005, 590) Diese Worte wären für Stoverock ganz gewiss ein Beleg für ihre feste Überzeugung, dass die monotheistischen Religionen der mächtigste Stützpfeiler des Patriarchats sind und dass *jede* religiöse Praxis im Sinne des Monotheismus ethisch *unanständig* sei: „Jeder Mensch, der Teil eines dieser Religionen bleibt oder wird, trägt automatisch sowohl die blutige und intolerante Geschichte des Monotheismus als auch die frauenverachtenden Motive weiter.“ (Stoverock 2021a, 326) Wie soll da noch ein Brückenschlag möglich sein? Diese schroffen und unüberwindbaren Gegensätze stehen auch dem Autor klar vor Augen, wenn er gleichwohl am Beispiel der Beurteilung der Antibabypille beabsichtigt, Gemeinsamkeiten im Hintergrund der plakativen Schauseiten auszuloten.

Als Papst Paul VI. im Jahr 1968 die Enzyklika „Humane Vitae“ der katholischen Christenheit vorlegte, wurde er von der Weltöffentlichkeit und teils auch kirchenintern sogleich mit dem Spottnamen ‚Pillen-Paul‘ lächerlich gemacht. Zu Unrecht! In dem Lehrschreiben wird die Frage aufgeworfen, was es für das leiblich-seelische Selbstverständnis des Menschen und speziell für die menschlichen Paarbeziehungen bedeutet, wenn der Zusammenhang zwischen Sexualität und Fortpflanzung zerreißt. Man braucht die negativen Werturteile über die Antibabypille, zu denen der Papst im Ergebnis seiner Analysen gelangt, keineswegs zu teilen, um nicht doch zu konzedieren, dass „Humane vitae“ sehr vorausschauend die anthropologischen Erschütterungen registriert, die mit der systematischen Ausweitung der menschlichen Naturbeherrschung auch auf die Weitergabe des menschlichen Lebens einhergehen. Damals begann, was heute in der vollständigen Desexualisierung des Menschen durch die Phantastereien einiger Transhumanisten kulminiert. Es sind aber nicht allein die großen philosophischen Linien, die Paul VI. mit seiner Kritik an der Antibabypille skizziert, ihn interessiert vor allem auch ganz konkret die Frage, wie das neue Kontrazeptivum das Verhältnis zwischen Frauen und Männern verändern könnte und in diesem Zusammenhang mutmaßt er: „Auch muss man wohl befürchten: Männer, die sich an empfängnisverhütende Mittel gewöhnt haben, könnten die Ehrfurcht vor der Frau verlieren, und, ohne auf ihr körperliches Wohl und seelisches Gleichgewicht Rücksicht zu nehmen, sie zum bloßen Werkzeug ihrer Triebbefriedigung erniedrigen und nicht mehr als Partnerin ansehen, der man Achtung und Liebe schuldet." (Paul VI. 1979, 33) Durch den Feminismus wurde die Antibabypille vielfach als Meilenstein auf dem Weg zur Befreiung der weiblichen Sexualität und der Frauen überhaupt begrüßt. Paul VI. artikuliert einen gegenläufigen Aspekt. Das Versprechen ‚folgenloser' Sexualität, welches für nicht wenige Männer mit der Antibabypille einhergeht, beschleunigt den Verlust ihrer Sensibilität für die weibliche Sexualität, womit – in der Diktion des Papstes – die „Ehrfurcht vor der Frau" (!) destruiert wird. So betrachtet steht die Antibabypille durchaus in einer misogynen Tradition: Sie schiebt den Frauen nicht nur die gesamte Verantwortung für die Empfängnisverhütung zu, sondern lässt sie überdies auch noch ganz allein die beträchtlichen gesundheitlichen Folgekosten tragen, die durch die kontinuierliche Einnahme der Pille anfallen.

Über ein halbes Jahrhundert nach „Humane vitae" legt Meike Stoverock den Frauen eine Art Emanzipation von der Pille nahe. In ihrem Buch „Female Choice" mischt sich in den pflichtschuldigen feministischen Lobpreis der Antibabypille ein anfangs noch leises, dann immer deutlicher vernehmbares Unbehagen: „Bereits mit beginnender Pubertät oder spätestens, wenn sie mit Jungen sexuell aktiv werden, wird ihnen (den jungen Mädchen – C.T.) wie selbstverständlich die Pille verschrieben und damit die Verhütungsverantwortung aufgebürdet. Die

Alternativlosigkeit, mit der jungen Mädchen bereits mit dreizehn, vierzehn Jahren eine tägliche Hormondosis zugemutet wird, (...), lässt diese absurde Praxis niemanden hinterfragen. Am wenigsten natürlich 14-jährige Mädchen. Die Empfängnis selbst kontrollieren zu können, ist zwar für die Unabhängigkeitsbestrebungen der Frauen von entscheidender Bedeutung – doch die Pille schafft für den Mann auch überhaupt erst die Voraussetzung, sich um das verhasste Kondom herumzujammern." (Stoverock 2021a, 270) In einem Gespräch mit dem Kultur- und Politikwissenschaftler Heiner Wittmann appelliert Stoverock direkt an die Frauen und Mädchen: „Es ist ganz wichtig (...), dass jede Frau ihren eigenen Umgang mit ihrem Körper und ihrer Sexualität genau hinterfragt, dass die genau auf sich hört, dass sie vielleicht auch mal eine Pillenpause einlegt, um ihren Körper in einem hormonell naturbelassenen Zustand kennenzulernen. (...). Und ich glaube, das ist auf jeden Fall ein guter erster Schritt, sich selbst mal zu erlauben, ganz Frau zu sein und auf seinen Körper zu hören und ein Vertrauen darauf zu entwickeln, dass der Körper einen schon zeigt, wann zum Beispiel Zeit für Sex ist." (Stoverock 2021b)

So denkbar konträr auch die geistigen Physiognomien von Papst Paul VI. und Meike Stoverock ausfallen, so grundverschieden ihr Zeithorizont und ihre Sprache sind, so sehr sie vollends disparate Zielvorstellungen über das Zusammenleben (ja allein schon über die Zahl) der Geschlechter haben, findet sich in der ablehnenden bzw. kritischen Einstellung zur Antibabypille doch ein verborgener Vorrat gemeinsamer Überzeugungen. Im Kern geht es dabei um die Offenlegung des latenten Gewaltaspekts der Pille, bei Paul VI. mit Fokus auf die Männer und der Gefahr einer Entwürdigung der Frauen durch eine forcierte männliche Instrumentalisierung weiblicher Sexualität, bei Stoverock auch in Hinblick auf die Frauen selbst und den Verlust ihrer Wahrnehmungssensitivität für den eigenen Körper und die eigene Sexualität. Beiden gemeinsam geht es um das Wiedererlangen eines Gespürs für den eigenen Leib bzw. einer antwortenden Empfänglichkeit für die Leibregungen des anderen. Papst Benedikt XVI. hat für diese Rehabilitation des Leibes in seiner Eigenwirksamkeit die Begriffsschöpfung von der „Ökologie des Menschen" vorgeschlagen: „Die Bedeutung der Ökologie ist inzwischen unbestritten. Wir müssen auf die Sprache der Natur hören und entsprechend antworten. Ich möchte aber nachdrücklich einen Punkt noch ansprechen, der nach wie vor – wie mir scheint – ausgeklammert wird: Es gibt auch eine Ökologie des Menschen. Auch der Mensch hat eine Natur, die er achten muss und die er nicht beliebig manipulieren kann. Der Mensch ist nicht nur sich selbst machende Freiheit. Der Mensch macht sich nicht selbst. Er ist Geist und Wille, aber er ist auch Natur, und sein Wille ist dann recht, wenn er auf die Natur hört, sie achtet (…)." (Benedikt XVI. 2011, 37) Das sind philosophische Gedanken von einer großen und auch beabsichtigten Mehrdeutigkeit. Solange man dabei zum Beispiel an die Entfremdung weiblicher Sexualität durch die Pille denken mag, könnte sogar Meike Stoverock dem Papst beipflichten. Deutet man jedoch die Worte Benedikts XVI. als eine Kritik an Geschlechtertransitionen, so scheiden sich die Wege und allenfalls Alice Schwarzer mit ihrer Skepsis gegenüber voreiligen Geschlechtsanpassungen und Hormonbehandlungen dürfte vermutlich ein gewisses Verständnis für die Idee einer „Ökologie des Menschen" hegen.

Die exemplarischen Analysen verschiedener Gewaltphänomene haben uns nicht allein mit offenkundigen Gewaltsetzungen in der Interaktion zwischen Menschen konfrontiert, wie sie zum Beispiel eine Vergewaltigung darstellt. Auch etwas so relativ passiv Erscheinendes wie die Duldung der Armut fällt in Wirklichkeit unter die Ausübung *direkter* Gewalt. Zu diesem Typus unmittelbarer Gewaltanwendung addieren sich dann die

Gewaltlatenzen in Worten (Schopenhauer über die Frauen), in medizintechnologischen Routinen (Praenatest und Antibabypille) sowie – besonders wichtig – die Gewalt erniedrigender Gesten. Sie kann, je nach subjektiver Betroffenheit durch die Beratungsscheinregelung ebenso ausgeübt werden wie durch die britische Abtreibungsgesetzgebung, die eine zu erwartende Behinderung Trisomie 21 als Grund für eine Spätabtreibung akzeptiert und damit ein implizites Urteil über Menschen fällt, die mit dieser Behinderung leben. Aus alldem ergibt sich für die Ethik des Lebensschutzes „das zentrale Postulat der gewaltfreien Konfliktlösung." (Gilligan 1984, 43f.) Gewaltfreiheit ist ein elementares Interesse, das von Pro Life und Pro Choice gleichermaßen geteilt wird, so unterschiedliche, bisweilen konträre Akzentsetzungen sie dabei jeweils auch vornehmen mögen. Die Gewaltausübung als Mittel der Problemlösung ist eine große Versuchung für die Ethik am Anfang und am Ende des menschlichen Lebens: Gewalt gegen das ungeborene Leben, Gewalt gegen Frauen, Gewalt durch strukturelle Unterversorgung pflegebedürftiger Menschen, die Gewalt des Suizides, aber auch wiederum die Gewalt der moralischen Ächtung des Suizides. Wo Gewalt zu einer Komponente der Konfliktlösung zu werden droht, gilt auch für das Feld des Lebensschutzes der von dem Psychiater Friedrich Hacker formulierte Imperativ: „Probleme, die nur mit Gewalt gelöst werden können, müssen neu gestellt werden." (Hacker 1994, 22) Das verlangt, die Mühsal vermeintlicher Umwege im Denken nicht zu scheuen: „Gewalt ist einfach. Alternativen zur Gewalt sind komplex." (ebd., 22) Deshalb ist die Verbesserung der Sehschärfe, d. h. die Auseinandersetzung mit der Weite und Tiefe aller argumentativen Spektren von Pro Life und Pro Choice die unabdingbare Voraussetzung für eine gute und das bedeutet gewaltfreie Entscheidung im Konkreten. Für die ethische Neuformulierung eines Problems vermag insbesondere die Epikie einen hilfreichen Beitrag zu leisten. Aber eine Infallibilität schenken all diese Kraftanstrengungen dennoch nicht. Man kann an dem „Postulat der gewaltfreien Konfliktlösung" trotz bester Absichten scheitern, wie uns das Studium der Dichotomien des Lebensschutzes so eindringlich vor Augen geführt hat. Und was passiert dann?

Es existiert in der Ethik eine Ebene, die über den Gesetzen der Moral und über dem binären Code von gut und böse steht. Das ist die *Vergebung*. In theologischer Betrachtung, zum Beispiel bei dem Religionsphilosophen Romano Guardini, ist es Gott, der aus Freiheit und Liebe heraus wirkt, dass ein Mensch nicht mehr schuldig ist, wo konventionelle Moral und Gerechtigkeit ihn beharrlich verurteilen und bestrafen. Auch deshalb vermag der Apostel Paulus zu erklären: „Mir macht es allerdings nichts aus, wenn ihr oder ein menschliches Gericht mich zur Verantwortung zieht; ich urteile auch nicht über mich selbst." (1 Kor 4,3) Mit demselben Gedanken, jedoch in einer sehr resignativen Färbung, verteidigt sich Verdis Traviata, die vom Wege Abgekommene, als sie unbarmherzig mit religiös verbrämter gesellschaftlicher Moralkonvention traktiert wird: „Mag mir der gnädige Gott auch verzeihn, / Werden stets Richter die Menschen mir sein." (Verdi 1980, 32) Triumphierend ruft Mephistopheles in der Kerkerszene am Ende von Faust I über Gretchen, die von Schuldgefühlen zuschanden gemachte Kindsmörderin, aus: „Sie ist gerichtet!", woraufhin eine „Stimme (von oben)" korrigiert: „Ist gerettet!" (Goethe 1986, 135) Wahrhaftig, die Moral ist gleichsam ein Teufelswerk, wenn sie das letzte Wort über den Menschen hätte.

Wird unser Traktat über die Ethik des Lebensschutzes am Ende in eine Apotheose des Christentums einmünden? Christentum und Bioethik – ist das nicht eine völlig aus der Zeit gefallene Verknüpfung? Warum eigentlich? Die Schöpfung und der Schöpfer – gehört das nicht zusammen? Führt uns nicht die intensive Befassung mit Problemen der Bioethik immer tiefer nicht nur in philosophische, sondern auch theologische Fragestellungen hinein? Braucht es deshalb also eine Implementierung der religiösen Moral in die Bioethik? Nein – das wäre ein verhängnisvoller Irrtum. Nichts könnte die Freiheit des Nachdenkens über Ethik und die einzigartige Würde des ethischen Urteils gründlicher zerstören als dessen Akkreditierung durch Dogmen, kirchliches Lehramt oder Katechese.

Das alles ist aber auch nicht gemeint, wenn jetzt die Rede auf die Inspiration der Ethik durch religiöse Überlieferungen kommt. Doch in welchem Sinne fordert dann zum Beispiel der letzte große Repräsentant der Kritischen Theorie, der Philosoph und Soziologe Jürgen Habermas, eine „Lernbereitschaft der Philosophie gegenüber der Religion"? (Habermas 2004, 13). Diese Lernbereitschaft zielt nicht auf die Regelwerke und Satzungen von Glaubenslehren, welche ja gerade die Eigenschaft haben, das selbständige Denken stillzulegen. Wohl aber „sind in heiligen Schriften (…) Intuitionen von Verfehlung und Erlösung, vom rettenden Ausgang aus einem als heillos erfahrenen Leben artikuliert, über Jahrhunderte hinweg subtil ausbuchstabiert und hermeneutisch wachgehalten worden." (ebd., 13) Die Überlieferung hält einen Vorrat „religiös verkapselter Bedeutungspotentiale" bereit, die der „säkularisierenden Entbindung" (ebd., 13) durch die Philosophie harren, wie Habermas am Beispiel der Menschenwürde erläutert: „Die Übersetzung der Gottesebenbildlichkeit des Menschen in die gleiche und unbedingt zu achtende Würde aller Menschen ist eine solche rettende Übersetzung. Sie erschließt den Gehalt biblischer Begriffe über die Grenzen einer Religionsgemeinschaft hinaus dem allgemeinen Publikum von Andersgläubigen und Ungläubigen." (ebd., 13) Auf ähnliche Weise wäre dem ethischen Gehalt der biblischen Eingebung einer von Gott zugesagten Vergebung nachzugehen.

Eine Ethik, welche das Maß der Vergebung nicht kennt, ist inhuman. Denn sie verkennt die Natur des Menschen. Menschen sind endliche Wesen, sie irren sich, sie werden schuldig an sich selbst und an anderem Leben. Wenn es ein beunruhigendes Resultat unserer Betrachtungen zum Lebensschutz gibt, dann doch dieses, auf welch beängstigende Weise uns die Prüfungen am Anfang und Ende des Lebens mit Anfechtungen, mit Versagen und Scheitern, mit Gewalt konfrontieren. Wie gehen wir damit um, wenn wir unserer Verantwortung, die oft genug ja eine *geteilte* Verantwortung für einander widerstreitende und gleichwohl ebenbürtige Lebenswerte ist, nicht gerecht werden können? In dieser ausweglos erscheinenden Konstellation wird Vergebung, wird die Bitte um Verzeihung essentiell. Vergebung kann ein Leid, kann eine Handlung, die dieses Leid verursacht hat, nicht ungeschehen machen. Sie schafft die Handlung durchaus nicht aus der Welt. Es geht aber auch um eine ganz andere Dimension.

Die Vergebung besteht nach biblischem Verständnis darin, „dass ich durch Gottes Vergebung vor seiner heiligen Wahrheit nicht mehr Sünder, vor der tiefsten Verantwortung meines Gewissens nicht mehr schuldig bin.“ (Guardini 1961, 146) Aber wie kann das geschehen? Ist Gott nicht zuerst Inbegriff und Hüter aller Moral? Dieses Bild von Gott wäre wie jedes andere Bild eine grobe Entstellung des Allgütigen, denn – so Guardini – „in einem geheimnisvollen und allerheiligsten Sinn, (…) steht Gott noch über dem Guten und damit über dem Bösen. (...). In Ihm ist eine Freiheit, die aller Bindung, selbst durch etwas derartig letztes, wie den Begriff des Guten, entrückt ist.“ (ebd., 147) Gott selbst ist das höchste Gute, das summum bonum, aber gerade nicht in der Art, wie wir Menschen uns das Gute vorstellen als Norm, als Regel, Imperativ oder satzförmige Vorschrift, sondern „in unausdenkbarer Freiheit. (…). Aus dieser Freiheit heraus ist Er mächtiger als die Schuld. Diese

Freiheit heißt die Liebe. (…). Aus dieser Liebe heraus vermag Gott zu erklären, die Schuld sei nicht mehr." (ebd., 147)

Vergebung „ist ein Schöpfertum aus der reinen Freiheit der Liebe." (ebd., 148) An diesem Schöpfertum der Vergebung hat auch der Mensch in seinen Beziehungen zu anderen Menschen Anteil. Er ist sogar von Gott dazu bestimmt. Dies ist also eine weitere Sinndimension der biblischen Vorstellung von der Gottesebenbildlichkeit des Menschen: Der Mensch ist zur Freiheit berufen und zur Liebe befähigt. Deshalb kann er vergeben. Darin wird etwas sehr Wesentliches über den Menschen ausgesagt, das weit über die einhegende Umzäunung durch die Religionen hinausreicht. Vergebung und Verzeihen sind keineswegs an die Annahme theologischer Glaubensspekulationen gebunden, sie sind auch kein Vorzugsrecht Gottes. Sogar Nietzsche, der vielleicht prominenteste Verächter des Christentums, verwirft in seiner Schrift „Der Antichrist" das Christentum der Dogmen und des Katechismus in der Absicht, die Augen für das zu öffnen, was er die „christliche *Praktik*" nennt: „Es ist falsch bis zum Unsinn, wenn man in einem ‚Glauben', etwa im Glauben an die Erlösung durch Christus, das Abzeichen des Christen sieht: bloß die christliche *Praktik*, ein Leben so wie der, der am Kreuze starb, es *lebte*, ist christlich … Heute noch ist ein *solches* Leben möglich, für *gewisse* Menschen sogar notwendig: das echte, das ursprüngliche Christentum wird zu allen Zeiten möglich sein … *Nicht* ein Glauben, sondern ein Tun, ein Vieles-*nicht*-tun vor allem, (…). Das Christ-sein, die Christlichkeit auf ein Für-wahr-halten, auf eine bloße Bewusstseins-Phänomenalität reduzieren, heißt die Christlichkeit negieren." (Nietzsche 1986, 69) „Vieles-*nicht*-tun" – das ist für Nietzsches Betrachtung des Christentums entscheidend. Er meint damit den Verzicht auf die Gefühle von Rache und Ressentiment. Verzeihen hat für ihn einen passiven Charakter, es ist ein Lassenkönnen. Wer verzeiht, entsagt einer Weltordnung von Schuld, Vergeltung und neuer Schuld: „Das ‚Himmelreich' ist ein Zustand des Herzens – nicht etwas, das ‚über der Erde' oder ‚nach dem Tode' kommt." (ebd., 63)

Ohne die Möglichkeit des Verzeihens und der Vergebung, vor allem auch, ohne die Möglichkeit, um Vergebung zu bitten, drohten wir an der Ethik und ihren objektiven Forderungen zu zerbrechen. Der eigenen Verantwortung nicht gerecht zu werden, dem anderen etwas schuldig zu bleiben, ist selbst bei bestem Wissen und Gewissen stets das Risiko, bisweilen sogar die unentrinnbare Konsequenz bei ethischen Entscheidungen, die den Lebensschutz betreffen. Aus dieser Not vermag die Bitte um Vergebung und Verzeihung herauszuführen, selbst dann, wenn dies nur noch in einem symbolischen, stellvertretenden Sinne geschehen kann, weil die Person, die um Verzeihung gebeten wird, nicht mehr lebt.

Literaturverzeichnis

Adorno, Theodor W. (1994): Minima Moralia. Frankfurt am Main

Anonymus (2024): Einsendung zum Projekt Plan D, in: Die Zeit, Nr. 24/2024, Seite 56

Aristoteles (1985): Nikomachische Ethik. Hamburg

Arntz, Klaus; Heimbach-Steins, Marianne; Reiter, Johannes; Schlögel, Herbert (2008): Orientierung finden: Ethik der Lebensbereiche. Freiburg im Breisgau

Bauer, Axel W. (2012): Zur ethischen Illegitimität der Mitwirkung am Suizid, in: Zeitschrift für Lebensrecht, Heft 4/2012, Seite 113–119

Baumgarten, Katja (2004): „Mein kleines Kind": ein Dokument des Lebens, Interview mit Katja Baumgarten, in: Deggendorfer Zeitung vom 20. Februar 2004, Fundstelle: https://meinkleineskind.de/ausfuehrliche-presseberichte-und-reaktionen/, Abrufdatum 18.09.2024

Baumgarten, Katja (2007): Interview mit Katja Baumgarten aus „Menschen bei Maischberger", Bonusmaterial zu: Baumgarten, Katja: Mein kleines Kind (DVD)

Bayerischer Erziehungsratgeber (2024): Risikoschwangerschaft – eine Schwangerschaft mit möglichen Komplikationen, auf: https://www.baer.bayern.de/schwangerschaft-geburt/schwangerschaft/risikoschwangerschaften/, Abrufdatum 15.09.2024

Beckmann, A.; Goller, D. E.; Haak, M.; Klinger, M.; Kübler, S.; Müller, D.; Okuniewski, K.M.; Schaper, S.; Tepe, C.; Tutkunkardes, A.; Weyer, M. (2002): Anmerkungen zu Watson: Thesen zur Pflegeethik, in: PR-Internet, Heft 7–8/2002, Seite 189–192

Benedikt XVI. (2010): Licht der Welt: der Papst, die Kirche und die Zeichen der Zeit. Ein Gespräch mit Peter Seewald. Freiburg im Breisgau

Benedikt XVI. (2011): Ansprache Seiner Heiligkeit Papst Benedikt XVI. im Deutschen Bundestag, in: Sekretariat der Deutschen Bischofskonferenz (Hg.): Apostolische Reise Seiner Heiligkeit Benedikt XVI. nach Berlin, Erfurt und Freiburg 22.-25. September 2011 Predigten, Ansprachen und Grußworte. Bonn, Seite 30–38

Bentham, Jeremy (1998): Utilitarismus, in: Höffe, Otfried (Hg.): Lesebuch zur Ethik. München, Seite 234–238

Birnbacher, Dieter (2008): Heiligen die Zwecke die Mittel? – Einführung in die Konsequentialistische Ethik, in: Ach, Johann S.; Bayertz, Kurt; Siep, Ludwig: Grundkurs Ethik, Band 1: Grundlagen. Paderborn, Seite 91–106

Bochenski, Joseph M. (1951): Europäische Philosophie der Gegenwart. Bern

Bohner, Gerd (1996): Vergewaltigungsmythen: sozialpädagogische Untersuchungen über täterentlastende und opferfeindliche Überzeugungen im Bereich sexueller Gewalt, Habilitationsschrift. Mannheim

Boiani, Michele (2023): „Das Verbot, Menschen zu klonen, bedeutet nichts mehr", in: Laborjournal, Magazin für Medizin- und Biowissenschaften, Heft 1–2/2023, Seite 16–19

Bosmans, Phil (1980): Liebe wirkt täglich Wunder. Titel der niederländischen Originalausgabe: In liefde weer mens worden. Freiburg im Breisgau

Bundesverfassungsgericht (1993): Urteil des Bundesverfassungsgerichts zum Schwangerschaftsabbruch, in: BVerfGE 88, 203 vom 28. Mai 1993

Corti, Axel (1984): Passivität macht Politik, in: Der Österreichische Film, Edition Der Standard: Axel Corti: Eine blassblaue Frauenschrift (DVD). Wien, Seite 3 (Booklet)

Crowter, Heidi (2023): Statement auf: https://dontscreenusout.org/press-release-woman-with-downs-syndrome-to-take-case-against-uk-govt-over-discriminatory-abortion-law-to-european-court-of-human-rights/, Abrufdatum 18.09.2024

Deutscher Bundestag (2015): Drucksache 18/4574 vom 09.04.2015. Berlin

Die Bibel (1983): Einheitsübersetzung der Heiligen Schrift: Altes und Neues Testament. Aschaffenburg

Düwell, Marcus (2001): Die Menschenwürde in der gegenwärtigen bioethischen Debatte, in: Graumann, Sigrid (Hg.): Die Genkontroverse: Grundpositionen. Freiburg im Breisgau, Seite 80–87

Düwell, Marcus (2008): Bioethik. Stuttgart

Eggebrecht, Hans Heinrich (Hg.) (1967): Riemann Musiklexikon Sachteil. Mainz

Ensel, Angelica (2005): Pränatale Diagnostik, in: Bund Deutscher Hebammen (Hg.): Schwangerenvorsorge durch Hebammen. Stuttgart, Seite 127–154

Fischer-Homberger, Esther (1988): Krankheit Frau, 2. Auflage. Darmstadt

Frankl, Viktor E. (1981): Die Sinnfrage in der Psychotherapie. München

Franziskus, Papst (2013): Die frohe Botschaft Jesu: Apostolisches Schreiben Evangelii Gaudium. Leipzig

Gilligan, Carol (1984): Die andere Stimme: Lebenskonflikte und Moral der Frau. München

Goethe, Johann Wolfgang (1984): Faust: Der Tragödie zweiter Teil. Stuttgart

Goethe, Johann Wolfgang (1986): Faust: Der Tragödie erster Teil. Stuttgart

Götz, Dorit; Köhn, Andrea u.a. (2020): Jahresbericht des Bundeslandes Sachsen-Anhalt zur Häufigkeit von congenitalen Fehlbildungen und Anomalien sowie genetisch bedingten Erkrankungen 2019: Fehlbildungsmonitoring Sachsen-Anhalt. Magdeburg

Götz, Dorit; Köhn, Andrea u.a. (2021): Jahresbericht des Bundeslandes Sachsen-Anhalt zur Häufigkeit von congenitalen Fehlbildungen und Anomalien sowie genetisch bedingten Erkrankungen 2020: Fehlbildungsmonitoring Sachsen-Anhalt. Magdeburg

Götz, Dorit; Köhn, Andrea u.a. (2022): Jahresbericht des Bundeslandes Sachsen-Anhalt zur Häufigkeit von congenitalen Fehlbildungen und Anomalien sowie genetisch bedingten Erkrankungen 2021: Fehlbildungsmonitoring Sachsen-Anhalt. Magdeburg

Götz, Dorit; Köhn, Andrea u.a. (2023): Jahresbericht des Bundeslandes Sachsen-Anhalt zur Häufigkeit von congenitalen Fehlbildungen und Anomalien sowie genetisch bedingten Erkrankungen 2022: Fehlbildungsmonitoring Sachsen-Anhalt. Magdeburg

Großklaus-Seidel, Marion (2002): Ethik im Pflegealltag: wie Pflegende ihr Handeln reflektieren und begründen können. Stuttgart

Guardini, Romano (1961): Der Herr: Betrachtungen über die Person und das Leben Jesu Christi. Würzburg

Habermas, Jürgen (2001): Die Zukunft der menschlichen Natur. Auf dem Weg zu einer liberalen Eugenik? Frankfurt am Main

Habermas, Jürgen (2004): Zur Diskussion mit Kardinal Ratzinger, in: Information Philosophie, Heft 4/2004, Seite 7–15

Hacker, Friedrich (1994): Thesen zur Gewalt, in: Bien, Günther; Busch, Hans Jürgen: Gewalt? Recht auf Gewalt? Thema Ethik Philosophie. Stuttgart, Seite 22–24

Hegel, Georg Wilhelm Friedrich (1987): Phänomenologie des Geistes. Stuttgart

Hillgruber, Christian (2012): Präimplantationsdiagnostik – verfassungsrechtlich verboten, gesetzlich erlaubt? In: Spieker, Manfred; Hillgruber, Christian; Gärditz, Klaus Ferdinand: Die Würde des Embryos. Ethische und rechtliche Probleme der Präimplantationsdiagnostik und der embryonalen Stammzellforschung. Paderborn, Seite 57–86

Hitler, Adolf (2004): Brief mit Datum 1. September 1939 auf persönlichem Briefpapier, in: Wiesing, Urban (Hg.): Ethik in der Medizin: ein Studienbuch. Stuttgart, Seite 60

Höffe, Otfried (2023): Lexikon der Ethik, 8. neubearbeitete und erweiterte Auflage. München

Hoerster, Norbert (2002): Ethik des Embryonenschutzes: ein rechtsphilosophischer Essay. Stuttgart

Horaz (1957): Sämtliche Werke. München

Johannes Paul II. (1995): Enzyklika Evangelium vitae. Bonn

Kant, Immanuel (1919): Die Metaphysik der Sitten. Leipzig

Kant, Immanuel (1986): Kritik der praktischen Vernunft. Stuttgart

Kant, Immanuel (1990): Kritik der Urteilskraft. Hamburg

Kienle, Else (1989): Frauen: aus dem Tagebuch einer Ärztin (zuerst Berlin 1932). Stuttgart

KKK (2005): Katechismus der Katholischen Kirche. München

Klee, Ernst (1983): „Euthanasie" im NS-Staat: die „Vernichtung lebensunwerten Lebens". Frankfurt am Main

Kramer, Birgit (2005): Frauen: Körper und Krankheiten. Hannover

Küng, Hans (1990): Projekt Weltethos. München

Küng, Hans (2009): Was ich glaube. München

Kuhse, Helga; Singer, Peter (1993): Muss dieses Kind am Leben bleiben? Das Problem schwerstgeschädigter Neugeborener. Erlangen 1993

Kutschera, Ulrich (2016): Gender-Ikone Judith Butler, auf: https://www.youtube.com/watch?v=SRQYgcWpdHo (Richard Dawkins Foundation: Talk mit Prof. Kutschera), Abrufdatum 10.09.2024

Langeveld, M. J. (1962): Einführung in die Pädagogik. Stuttgart

Lippmann, Walter (2018): Die öffentliche Meinung: wie sie entsteht und manipuliert wird. Frankfurt am Main

Mahrenholtz, Katharina; Parisi, Dawn (2007): Schwangerschaft und Geburt. München

Mérimée, Prosper (1991): Carmen. Stuttgart

Mill, John Stuart (1997): Der Utilitarismus. Stuttgart

More, Max (1998): "Die extropischen Grundsätze", zitiert nach: Niedlich, Florian: Spiegelstadium und Posthumanismus: Identität in Chris Cunnighams „All Is Full of Love", in: Philologie im Netz 57/2011 auf: https://web.fu-berlin.de/phin/phin57/p57t2.htm, Abrufdatum 22.09.2024

Neubauer, Luisa; Repenning, Alexander (2019): Vom Ende der Klimakrise: eine Geschichte unserer Zukunft. Stuttgart

Nietzsche, Friedrich (1986): Der Antichrist: Versuch einer Kritik des Christentums. Frankfurt am Main

Nietzsche, Friedrich (1988): Götzen-Dämmerung, in: Colli, Giorgio; Montinari, Mazzino (Hg.): Kritische Studienausgabe, Band 6. München, Seite 55–161

Nitschke, Dietlinde (2021): Bis hierhin und nicht weiter, in: Neue Osnabrücker Zeitung vom 04.01.2021, Seite 14

Paul VI. (1979): Enzyklika über die rechte Ordnung der Weitergabe menschlichen Lebens, 4. Auflage. Trier

Pieper, Annemarie (1991): Einführung in die Ethik. Tübingen

Pieper, Annemarie (1998): Feministische Ethik, in: Pieper, Annemarie; Thurnherr, Urs (Hg.): Angewandte Ethik. München, Seite 338–359

Planck, Max (1897): Gutachten, in: Kirchhoff, Arthur (Hg.): Die akademische Frau. Berlin, Seite 256f.

Raffelhüschen, Bernd (2023): Wie steht es tatsächlich um die Finanzen der Bundesrepublik? Interview in der Sendung „Kontrafunk aktuell" des online-Radios „Kontrafunk" vom 28.11.2023, auf: https://kontrafunk.radio/de/sendung-nachhoeren/politik-und-zeitgeschehen/kontrafunk-aktuell/kontrafunk-aktuell-vom-28-november-2023, Abrufdatum 25.09.2024

Regenbogen, Arnim; Meyer, Uwe (Hg.) (1998): Wörterbuch der philosophischen Begriffe. Hamburg

Regenbogen, Arnim; Remme, Marcel (2024): Im Gespräch: Wertebildung bei Jugendlichen, an der Universität und im Philosophischen Café, in: Zeitschrift für Didaktik der Philosophie und Ethik, Heft 2/2024, Seite 108–114

Roß, Jan (2012): Die Verteidigung des Menschen: warum Gott gebraucht wird. Berlin

Rüffer, Corinna (2024): Antrag zum nicht-invasiven Pränataltest auf den Weg gebracht, auf: https://www.corinna-rueffer.de/pm-antrag-praenataltest-auf-den-weg-gebracht/, Abrufdatum 03.09.2024

Sass, Martin (2004): Wann beginnt das Leben? Siebzig Tage nach der Empfängnis: die Entwicklung des Gehirns macht den Menschen aus, in: Wiesing, Urban (Hg.): Ethik in der Medizin: ein Studienbuch. Stuttgart, Seite 179–181

Scheler, Max (1966): Der Formalismus in der Ethik und die materiale Wertethik. Bern

Scheler, Max (1988): Die Stellung des Menschen im Kosmos. Bonn

Schlögl-Flierl, Kerstin (2017): *Epikie*, ein Movens für die Moraltheologie, in: Studia Moralia 55, Seite 65–97

Schindele, Eva (1990): Gläserne Gebär-Mutter: Fluch oder Segen. Frankfurt am Main

Schindele, Eva (1995): Schwangerschaft: zwischen guter Hoffnung und Angst vor dem Risiko. Hamburg

Schopenhauer, Arthur (1977): Zürcher Ausgabe: Werke in zehn Bänden, Band X. Zürich

Schulte, Gabriele (2019): „Oldenburger Baby": Tim im Alter von 21 Jahren gestorben, Märkische Allgemeine vom 08.01.2019, auf: https://www.maz-online.de/panorama/oldenburger-baby-tim-im-alter-von-21-jahren-gestorben-3PCJPE7LP2POKOKMPSTKT6KKIA.html, Abrufdatum 23.09.2024

Schwarzer, Alice (2007): Die Antwort. Köln

Schweitzer, Albert (o.J.): Die Ethik der Ehrfurcht vor dem Leben, in: ders.: Gesammelte Werke Band 2. Zürich, Seite 375–402

Singer, Peter (2013): Praktische Ethik, 3. Auflage. Stuttgart

Sloterdijk, Peter (1999): Regeln für den Menschenpark. Frankfurt am Main

Spaemann, Robert (Hg.) (1991): Ethik-Lesebuch von Platon bis heute, 3. Auflage. München

Spaemann, Robert (1996): Personen: Versuche über den Unterschied zwischen ‚etwas' und ‚jemand'. Stuttgart

Spaemann, Robert (2015): Moralische Grundbegriffe, 9. Auflage. München

Stegmüller, Wolfgang (1978): Hauptströmungen der Gegenwartsphilosophie, Band 1. Stuttgart

Stirner, Max (1991): Der Einzige und sein Eigentum. Stuttgart

Stoverock, Meike (2021a): Female Choice: vom Anfang und Ende der männlichen Zivilisation. Stuttgart

Stoverock, Meike (2021b): Nachgefragt: Meike Stoverock Female Choice, aufgezeichnet von Heiner Wittmann, auf: https://www.youtube.com/watch?v=fV5oby-Wkf0, Abrufdatum 21.09.2024

Strafgesetzbuch (1876): Strafgesetzbuch für das Deutsche Reich vom 15. Mai 1871 nach der Novelle vom 26. Februar 1876. Erlangen

Tepe, Christian (1999): Grundlegende Aspekte einer Pflege- und Medizinethik, in: PR-Internet für die Pflege 11/1999, Seite 273–281

Tepe, Christian (2008): Ein Plädoyer für das Weibliche: zum 150. Geburtstag von Giacomo Puccini, in: Oper&Tanz, Heft 6/2008, Seite 16f.

Thomas von Aquin (o.J.): Summa Theologica, 1. Band. Salzburg

Verdi, Giuseppe (1980): La Traviata, Dichtung nach Dumas des Jüngeren Roman „Die Kameliendame“ von Francesco Maria Piave. Stuttgart

Vogel, Bernhard (Hg.) (2006): Im Zentrum: Menschenwürde. Politisches Handeln aus christlicher Verantwortung: Christliche Ethik als Orientierungshilfe, 3. Auflage. o.O.

von Jaschke, Rudolf; Pankow, Otto (1933): Lehrbuch der Gynäkologie, 5. Auflage. Berlin

Watson, James. D. (2001): Ich suchte eine Freundin, in: Süddeutsche Zeitung Magazin, Heft 22/2001, Seite 28–33

Wissenschaftliche Dienste des Deutschen Bundestages (2023): Die Voraussetzungen des straflosen Schwangerschaftsabbruchs: Rechtslage im internationalen Vergleich, Aktenzeichen WD7-3000-059/23. o.O.

Wulf, Joseph (1964): Theater und Film im Dritten Reich: eine Dokumentation. Gütersloh